AF412303

EL SECRETO DEL DECRETO

LA CIENCIA DE MATERIALIZAR DESEOS Y MOLDEAR TU PROPIA REALIDAD

RAIMON SAMSÓ

EDICIONES
INSTITUTO EXPERTOS

El conocimiento es superior a la información.

Escribo y publico libros hermosos que transforman vidas. No me conformo con libros que informen de algo que se olvidará —en su mayor parte— a los pocos días.

Pretendo transformar (no informar) al lector que, al convertirse en lo aprendido, nunca olvidará lo leído.

No porque lo recuerde, sino porque lo es.

Raimon

ÍNDICE

INTRODUCCIÓN

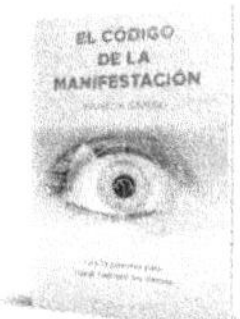

Por los comentarios que recibo de mis libros, la obra que más aclaman mis lectores es «El Código de la Manifestación», publicado por Ediciones Obelisco en el 2016. Un trabajo que sintetiza los principios que rigen la manifestación del místico del siglo pasado Neville Goddard. Uno de mis maestros espirituales.

A él le dediqué aquel libro y también hoy le dedico el presente trabajo de síntesis.

Cuando publiqué el Código, muy poca gente conocía a Neville Goddard, al menos en mi país, pues sus y obras apenas estaban traducidas al español. Hoy, ocho años después, quiero creer que el éxito de mi libro contribuyó a la difusión de Goddard en mi lengua, ya que hoy se halla ampliamente traducido al español.

En aquellos días, su trabajo estaba básicamente en inglés y no se encontraba en español. Además había que leer cada párrafo dos veces para captar su mensaje de forma clara. Así que profundicé en su obra en inglés y traté de trasladar al español sus mejores ideas de forma sencilla y organizada. De esta forma nació «El Código de la Manifestación», que ha sido un libro muy vendido y elogiado.

Como entiendo que la manifestación de deseos es un tema de gran interés, me ha parecido oportuno escribir un segundo libro sobre el tema y como aprendiz del maestro Goddard. Esta vez he tratado de resumir mi anterior obra: he querido escribir un resumen del Código para tenerlo a mano y usarlo como material de repaso.

Es decir, he elaborado un resumen del resumen que ya hice en su día y he simplificado aún más las ideas principales de Neville para que puedan asimilarse sin apenas masticar.

Un «resumen del resumen» que es el guion para la programación mental de la abundancia. Un texto para la autosugestión. Un libro hipnótico… para que el estudioso no le quede más que leerlo varias veces y empapar su subconsciente con los principios y verdades que contiene.

Me doy cuenta que «El Código de la Manifestación» está escrito en varias capas de revelaciones que se descubren en sucesivas lecturas. De ahí la razón de este segundo libro. He escrito un texto resumido que se debe leer varias veces para crear una burbuja energética, al modo de aura, que envuelva al lector y lo ponga en modo creativo a tiempo completo y de forma automática.

«El Secreto del Decreto» es un libro multidimensional. Este libro, con sus doce capítulos, es un poliedro de 12 facetas o caras, un dodecaedro en el que cada cara es una perspectiva o una dimensión. Las doce facetas en conjunto forman la figura geométrica de la manifestación. Por lo tanto, cada capítulo de este libro es una parte de un todo. Para materializar deseos y moldear tu propia realidad tendrás que ensamblar los doce secretos.

No hay que hacer ningún ejercicio o tarea; basta con decretar el deseo cumplido siguiendo los consejos de este libro. Para ello, será suficiente con leerlo y tenerlo a mano para releerlo y que sus principios empapen el inconsciente. Entonces, cuando decretes, estarás manifestando. Eso sí, siempre que lo deseado no te aparte del Contrato que firmaste antes de llegar al planeta.

Yo supe de la Ley de la Asunción y su poder de manifestación a través de Wayne Dyer, que era estudioso de Neville. Así que, como estudioso de Wayne Dyer que he sido, me convertí también en estudioso de Neville Goddard. Y supongo que Neville, a su vez, fue un estudioso de otros maestros así como de sus coetáneos del movimiento del «Nuevo Pensamiento».

El mayor maestro de Neville Goddard fue un misterioso personaje conocido como Abdullah, un maestro de esoterismo y metafísica, y se dice que era de origen etíope, profundamente versado en la Biblia y las enseñanzas del misticismo. Abdullah lo introdujo en las ideas de la metafísica durante cinco años, en la interpretación esotérica de las Escrituras y la Ley de la Asunción, que Neville luego desarrollaría por su cuenta. Y también estudió a William Blake, el místico y poeta inglés del siglo XVIII.

Según relato del propio Neville, fue Abdullah quien le enseñó a usar la imaginación como una herramienta para manifestar sus deseos en la realidad física. La enseñanza más significativa que Neville recibió de él fue la técnica de «vivir en el fin» o actuar y sentir como si el deseo ya se hubiera manifestado, una técnica que formó la base de su propia filosofía espiritual.

La Ley de la Asunción, tal como la enseñó Neville Goddard, se basa en principios que son antiguos, aunque es posible que el término en sí no se hubiera utilizado de manera explícita antes de Neville.

Por lo que sé, la propuesta de que asumir la sensación de un deseo cumplido puede llevar a su manifestación encuentra paralelos en varias tradiciones espirituales y filosóficas desarrolladas a lo largo de la historia.

- Filosofías antiguas: Conceptos similares a la Ley de la Asunción se pueden encontrar en la filosofía estoica, donde los practicantes eran alentados a visualizar los resultados como una forma de prepararse para cualquier resultado de la vida. En el neoplatonismo se señalaba la capacidad para manifestar realidades basándose en estados de conciencia elevados.
- Enseñanzas religiosas: Algunas tradiciones religiosas, como el cristianismo y el hinduismo, contienen enseñanzas donde la fe es un medio para crear cambios en el mundo físico.
- Movimiento del «Nuevo Pensamiento»: A principios del XX, este movimiento del mentalismo profundizó en el poder del pensamiento y la visualización para la mejora personal. Diferentes autores hablaron sobre principios semejantes a la Ley de la Asunción, según la cual la mente influye en las experiencias de la vida.

Neville Goddard, conferenciante activo hacia la mitad del siglo XX, formuló y enseñó explícitamente la Ley de la Asunción, dándole un enfoque particularmente espiritual, aunque también práctico. Su sello distintivo fue la simplicidad de la técnica: asumir la sensación del deseo cumplido para catalizar su manifestación física.

Y, aunque es posible que el concepto exacto de la Ley de la Asunción tal y como lo enseñó Neville Goddard no tenga un origen documentado con ese nombre específico, los principios subyacentes hunden sus raíces en tradiciones espirituales y filosóficas anteriores.

He echado mano de abundantes citas del maestro y he evitado la complejidad en mi estilo. Un resumen debe servir como material de estudio y repaso. Si ya has leído el Código, este libro te refrescará conceptos e introducirá otros nuevos. Y si no lo has leído, te servirá como un curso introductorio a la Ciencia de la Manifestación.

Te darás cuenta que repito conceptos, al igual que hacía Goddard, porque la repetición es la base del aprendizaje. Está hecho a propósito, para que el mensaje empape no solo el consciente, sino el subconsciente, que es el que realmente gobierna nuestras vidas. Bastará con leer este libro un par de veces para que reprograme tu subconsciente y manifiestes más rápido y con mayor facilidad.

La técnica de la repetición es una estrategia de aprendizaje que se conoce comúnmente como «repetición espaciada». Este método implica repasar el contenido varias veces a lo largo de un período más prolongado, en lugar de intentar aprenderlo de una sola vez en una sesión intensiva de estudio. ¡Repetición!

La idea que subyace en la «repetición espaciada» es que, al recibir una misma información varias veces, se refuerza la memoria y la retención de lo aprendido. Esta técnica es muy efectiva porque cada vez que recuerdas algo, se fortalece la ruta neuronal asociada, haciéndola más resistente al olvido.

Otra técnica que he utilizado es la «escritura hipnótica» para sugestionar tu subconsciente en el estado imaginado, el éxito, la abundancia y la manifestación. He utilizado expresiones destinadas a abrir tu mente a los principios del suministro abundante.

Quise que el libro fuese breve, porque es un *broviario* de la «Ley de la Asunción» y los principios de la manifestación. Capítulos cortos, claros y concisos. Añadí mi interpretación y mi punto de vista basándome en lo que a mí me ha funcionado. Tómalo todo como un cuaderno de apuntes de clase.

No vas a encontrar un mensaje muy diferente o muy novedoso. No hay nada nuevo bajo el sol, al menos que yo sepa. Pero sí puedo presentarlo de una forma distinta: más directa, más resumida, más sintetizada.

Como aprendiz que soy del maestro, he de invitarte a leer sus diez obras, sus diez libros, ahora ya compilados y traducidos al español. Nada mejor que beber de la fuente original. Si lees el presente libro de seguro navegarás por su obra con mayor comprensión y aprovechamiento.

Este libro se subtitula «La Ciencia de Materializar Deseos» y forma parte de una ciencia espiritual mucho más amplia de la que no te han hablado; y ello se debe a que es una ciencia prohibida, tan encubierta, o más, que la ciencia de la energía libre y la ciencia de la anti gravedad (totalmente desarrolladas pero suprimidas). Me refiero a la «Ciencia de la Conciencia» en la que la humanidad deberá avanzar en los próximos mil años si quiere progresar, como anuncia el autor Steven Greer. En efecto, la evolución de la conciencia es una ciencia pura y se nos ha negado o suprimido sistemáticamente para limitar nuestro poder y libertad.

Cuando la «Ciencia de la Conciencia» forme parte del *curriculum* escolar (junto a las ciencias naturales, las ciencias físicas y las matemáticas), entonces la humanidad podrá formar parte de la Comunidad Mayor y será una civilización interestelar, pero no antes.

Al abrirte a la posibilidad de materializar deseos, estás entrando en la materia de la Ciencia de la Conciencia.

Este libro fue escrito para mostrarte los secretos de la manifestación que aprendí. Los secretos que describo aquí aumentarán tu manifestación deliberada (enfoca a lo que quieres). Como siempre hago al terminar un libro, consulté el nivel de verdad de su contenido y resultó ser del 95% lo cual es una excelente evaluación. Pero solo será tu verdad si así lo eliges.

Los principios expuestos en esta obra forman parte de mi filosofía de vida. Los he probado una y otra vez, en esto y en aquello. Y funcionan.

Para probarlos, asumí: que era escritor, que conseguía una editorial, que ganaba un concurso literario, que vivía sobradamente de los *royalties* de mis libros, que escribía varios *bestsellers*, que era conferenciante internacional, que guiaba a otros como coach, que poseía una casa con vistas al mar, que conducía junto al mar en un automóvil descapotable, que mis preocupaciones de dinero se habían acabado para siempre, que invertía en inmuebles, que trabajaba solo dos o tres horas al día y disponía de mucho, mucho tiempo para mí… Libertad. Y todo eso, y más, fue ocurriendo a medida que lo iba imaginando sentidamente desde la certeza del resultado final.

Reconozco que no siempre he tenido éxito en mis asunciones porque he descuidado, tal vez, la certeza y la actuación en coherencia con lo deseado. El control de mi atención no es exacto e infalible. Pero voy afinándolo con la práctica y cada vez acelero más el plazo de manifestación, lo cual compruebo con mis obras que escribo, materializo, en solo tres meses.

En esta lectura, entenderás por qué muchas personas sin medios, sin dinero, sin apoyos, sin títulos… materializaron su visión y triunfaron a lo grande. Y fue porque vivían desde el fuego apasionado que encendía su certeza.

Y ahora es tu turno. Pasa la página.

Te esperan los doce secretos del decreto para la manifestación de los deseos.

Raimon Samsó, autor.

UNO
EL SECRETO DEL «YO SOY»
LA LEY DEL ORDEN

La «Ley del Orden» se resume en tres palabras: «Ser, hacer, tener». Este es el orden que se debe seguir siempre una manifestación entre la causa y el efecto. Gracias a esta ley comprendemos que la importancia de lo que somos supera a la de lo que hacemos, y tiene aún más valor que lo que obtenemos.

LA LEY DEL ORDEN está intrínsecamente conectada con la Ley de la Causa y el Efecto, la ley más esencial que existe: la causa del tener se origina en el ser. La Ley de la Causa y el Efecto establece que todo efecto tiene una o más causas. Por la Ley del Orden, sabemos que *ser* es la causa de *tener*.

Por ejemplo, aunque muchas personas desean tener dinero (efecto), son pocas las que poseen una mentalidad próspera (causa) capaz de generar dinero.

Existen tres niveles de conciencia y de significación:

1. Ser. Conocer quién eres. Es el estado interno de conciencia, cuando te alineas con tu esencia profunda.

2. Hacer. Actuar de acuerdo con este estado de conciencia. Las acciones deben ser una expresión natural de tu Ser.

3. Tener. Proyectar las manifestaciones físicas de tus deseos desde lo invisible a lo visible.

Permíteme aclarar qué es un «estado» de conciencia. Con ese término me refiero a una mentalidad fruto de un cuerpo de creencias y paradigmas que conforman los pensamientos. Hay infinitos estados de conciencia y cada uno cosecha diferentes resultados.

Por ejemplo, si deseas el estado de la prosperidad, deberás pensar desde un estado mental próspero, aún cuando tu mundo no lo refleje. Cuanto más tiempo —y más intensamente— vivas desde ese estado, más natural será para ti, convirtiéndose en tu nueva mentalidad. Y a poco tardar, el mundo proclamará tu prosperidad con hechos objetivos e incontestables.

Debido a que la mayoría de las personas se enfocan principalmente en Tener, tienden a olvidar Ser y Hacer lo necesario para alcanzar sus deseos, y el resultado es que no ven materializados sus sueños.

No puedes conseguir nada sin primero *ser* y *hacer* en consonancia con ese deseo, ya que son el preludio del *tener*.

Tu mundo es fenoménico y refleja tu conciencia (la causa de todas las causas). Lo que logras en el mundo no depende tanto de la acción como del estado de conciencia. Cuando comprendes esto, todo se simplifica; vas directo a la raíz de los problemas.

La causa siempre eres tú.

Tu vida es un reflejo de ti mismo.

No atraes lo que quieres, sino lo que eres.

Es la Ley del Orden: Ser, Hacer, Tener. Siempre en este mismo orden. Los deseos cumplidos son un prisma tridimensional.

> «Te dices a ti mismo en silencio pero sintiéndolo: "Yo Soy". Solo declara que eres, y continúa haciéndolo hasta que te pierdas en la sensación de solo ser, sin rostro y sin forma».
> NEVILLE

El decreto «Yo Soy» es el poder de la conciencia que activa el mayor poder del universo.

Cuando entras en el poder del «Yo Soy», estás asumiendo tu identidad divina y tu realidad espiritual. El «Yo Soy» es una declaración de autorreconocimiento para influir en el universo, es lo que permite moldear la realidad desde la conciencia.

Al decretar «Yo Soy», afirmas tu poder. Y desde allí, todo es posible.

En la lista que sigue, encontrarás una docena de ejemplos concretos del decreto raíz para la manifestación:

1. Yo soy la abundancia hecha visible.
2. Yo soy la llama que consume todos mis errores.
3. Yo soy la única Presencia que actúa en mi mundo.
4. Yo soy la salud perfecta en mi cuerpo, ahora mismo.
5. Yo soy armonía en todos mis eventos.
6. Yo soy la ayuda que en cada momento necesito.
7. Yo soy la inspiración que me es necesaria.
8. Yo soy luz, yo soy amor, yo soy paz.
9. Yo soy la riqueza y el bienestar de mi familia.
10. Yo soy la llama que consume las dificultades.
11. Yo soy mi deseo cumplido.
12. Yo soy la perfección divina.

Añade a esta lista tus propios decretos para moldear la realidad. La lista no termina aquí porque lo eres todo. No pides nada que no tengas, simplemente reclamas lo que eres. Y entonces, lo deseado se manifestará con tanta seguridad como lo hayas reclamado.

Lo que sigue a continuación de «Yo soy» se manifiesta por la Ley del Orden en acción.

Afirmar «Yo Soy» —seguido de resultados y estados deseados— va a ayudarte a superar limitaciones o situaciones indeseadas, al restaurar la realidad de tu identidad divina real.

> «Después de tomar tu decisión, aléjate del mundo de los sentidos, retira tu atención del problema y ponla en el mero hecho de existir, repitiendo en silencio pero con sentimiento: Yo Soy». NEVILLE

Neville Goddard sostenía que el poder del decreto raíz «Yo Soy» es infinito; y solo las limitaciones impuestas a través de las creencias y percepciones limitantes, pueden restringirlo.

Cuando decretes el deseo cumplido, aplica estas sencillas instrucciones para manifestar de un modo impecable:

- Decreta siempre en presente.
- Formula órdenes positivas.
- Construye órdenes breves y sencillas.
- Ordena para crear, no para modificar.
- Imprime emoción a tus decretos.
- Afirma con convicción.
- Agradece el resultado de antemano.
- Desapégate de lo que ha de suceder.

Decreta el deseo cumplido con autoridad, con seguridad, con emoción, con claridad...con corazón.

Secreto revelado: hasta que no abraces tu verdadera identidad, con el decreto «Yo Soy», todo te resultará lento y complicado. El logro te exigirá *sangre, sudor y lágrimas*. Pero ya estás cansado de recorrer ese camino y por eso estás leyendo este libro.

Regresa siempre a la identidad real, al «Yo Soy». La conciencia de ser todo es el secreto que desbloquea la manifestación en el mundo de la forma. Manifiestas aquello que tienes conciencia de ser. Una vez que redefines tu yo real, todo lo demás se resuelve y materializas tus deseos con facilidad.

Por lo tanto, revelar tu «Yo Soy» es como *morir* a un nivel de conciencia básico para *renacer* en un nivel de conciencia más elevado.

Reconoce el poder del decreto «Yo Soy» y tu ego se disolverá, tu divinidad despertará, y moldearás tu realidad a conveniencia.

Hay una gran diferencia en el yo y el Yo, y también en sus logros.

Con los ojos cerrados, repite ahora el mantra «Yo Soy» tres veces, con los ojos cerrados, y comprueba cómo te sientes. A ese poder me refiero.

He de decirte que todo aquel que llega a este mundo ha olvidado quién es y, en consecuencia, reemplaza su «Yo Soy» real con un yo fabricado. A ti también te ha pasado. Ese es el gran *handicap* que afronta la humanidad: no tiene ni idea de quién o qué es realmente.

> «Negar el "Yo Soy" es negar tu propia divinidad
> y el poder de crear tu realidad». NEVILLE

Concéntrate en tu conciencia, pero deja las cosas tranquilas en el mundo exterior. ¿Qué significa «dejar las cosas tranquilas»? Significa *hacer* menos. Convirtiéndote en otra clase de persona lograrás más que simplemente haciendo más y más cosas.

Deja de trabajar en el mundo y trabaja en ti. No viniste a la vida para cambiar nada, salvo a ti mismo.

No te conformes solo con modificar las apariencias, ya que estas no significan nada. Mira más allá de lo superficial. Investiga lo invisible en cada situación, ahí encontrarás las causas. El verdadero significado de cualquier evento siempre reside en el estado de conciencia que lo creó.

Conéctate con la conciencia de Ser y la forma material se verá forzada a seguirte. Si te conectas a tu Yo Soy, la forma debe acompañarte en ese viaje creativo. Distingue entre causa y efecto y entiende que siempre van juntos.

Cuando negamos nuestra verdadera identidad divina, surgen todos los problemas. Con la percepción separada de la Fuente, nacen todos los conflictos en el mundo, porque creer en la separación genera miedo, y el miedo es la raíz de todos los problemas humanos.

Adéntrate en tu interior y deja de prestar atención a tus sentidos. Ignora tu mundo externo porque te confundirá. Debes entrar en tu Ser y «cerrar la puerta», en sentido metafórico, a las apariencias. Aíslate de tus sentidos y desde ese retiro interior, libera el poder de la manifestación.

Debido a tu experiencia material en el mundo físico, estás muy orientado a *hacer,* en lugar de a *ser*. En este libro te hablaré de la acción interior, no de la exterior.

Palabra a palabra, párrafo a párrafo, entenderás que, cuando la conciencia y el deseo se unen, entonces tú eres lo deseado y, por ende, es inevitable que tu idea se manifieste en forma tangible. ¿Cuándo? El tiempo estará en proporción directa a la velocidad de tu identificación con lo que deseas y también a tu convicción en el resultado.

Escúchame bien: cuando la conciencia asciende al Ser real, forzosamente las creencias limitantes han de quedar atrás. Es un cambio de percepción por el cual te revistes de poder y te desvistes de debilidad.

Vas a conseguir todo tipo de milagros predecibles; porque la carencia proviene siempre de un estado de conciencia básico y eso es lo que en realidad vas a transmutar.

> «Yo Soy es la realidad a la que, pase lo que pase, debemos acudir para explicar el fenómeno de la vida. Es el concepto mismo "Yo Soy" el que determina la forma y escenario de la vida». NEVILLE

Piensa primero en lo que deseas conseguir; después, construye un decreto, una orden que lo exprese con exactitud. Más pronto que tarde lo verás.

Los decretos son «instrucciones energéticas», y las emociones son un «trabajo energético». La energía se transforma en materia.

He estado refiriéndome al decreto raíz «Yo Soy» que podemos complementar con una orden de obligado cumplimiento.

Estás descubriendo el Secreto del Decreto para moldear tu realidad. Y cuanto más te adentras en esta lectura más comprendes el poder del decreto raíz «Yo Soy». Permítete involucrarte profundamente en el significado de lo que lees para sacarle provecho.

Este es el primer paso, el más elemental en tu práctica creativa: anclar tu Identidad divina «Yo Soy».

Y me he reservado para este momento una ley hermana de la Ley de Causa y Efecto: la Ley de la Reversibilidad. Se basa en el principio de que causa y efecto son reversibles (como esas chaquetas reversibles a las que les puedes dar la vuelta y usarlas del otro lado).

En resumen, esta ley otorga que una vez establecida la transformación directa, queda establecida la transformación inversa, la reversibilidad. Y esto es lógico porque causa y efecto son las dos caras de una misma moneda.

Ejemplos de reversibilidad:

- Una emoción genera un resultado pero un resultado también genera una emoción.
- La electricidad crea magnetismo pero el magnetismo también crea electricidad.
- La materia se transforma en energía pero la energía también se transforma en materia.
- Un hecho físico concluye en una emoción pero una emoción también concluye en un hecho físico.

Transformación directa <=> Transformación inversa

Permíteme hacer una analogía: Apruebas una entrevista de empleo y eso te hace sentir más seguro y confiado en ti. Pero también: si te sientes seguro y confiado en ti mismo, entonces es sencillo aprobar una entrevista de empleo. Si un hecho te conduce a un estado psicológico, un estado psicológico también te conduce a un hecho. Son reversibles.

Hecho físico <=> Estado psicológico

Y la manifestación, como aprenderás en este libro, es segura cuando vives desde el estado mental y emocional del logro. Para ello utilizarás de forma inconsciente los doce secretos y las doce leyes de este libro.

Estás en el principio de un curso de milagros predecibles, poco a poco irás afilando tu grado de manifestación. Al final de tu proceso educativo mundano, recibirás un área del cosmos no creada para que construyas una galaxia completa y te pongas a su organización. La Fuente cuenta contigo para extender la Creación.

Sí, aprender a manifestar tus deseos mundanos es apenas un entrenamiento para crear nuevas galaxias.

Ahora entremos en el secreto.

DOS
EL SECRETO DEL DECRETO
LA LEY DE LA PALABRA

La «Ley del Decreto» establece el poder de la palabra, ya sea pensada, hablada o escrita. Lo ordenado por un decreto recibe el apoyo del cosmos. Con la ascensión de la conciencia, lo que se ordena en un decreto se pone en marcha bajo el poder organizativo del cosmos.

EL SER humano posee dos rasgos únicos en la Creación: la mente y el habla. Dentro de la mente, el recurso más creativo es la imaginación; y en el uso del habla, destaca el recurso del decreto.

Al combinar ambos, imaginación y decreto, se puede materializar cualquier deseo. Este es el poder del decreto; acabas do descubrir el secreto para moldear tu realidad.

Como los decretos están compuestos por palabras —y lo más importante: una combinación de imaginación y palabras—, estos trazan «un camino». Así se crea un *surco* o *camino* en el destino que te conduce hacia ese resultado de forma infalible.

Aclaremos algo: un decreto va más allá de una simple afirmación. En un decreto no hay espacio para la duda; es una ley, una orden inapelable. Un decreto es una sentencia firme que establece un resultado sin incertidumbre porque un decreto, por su propia naturaleza, es ley. Es más, un decreto es la llave maestra que abre todas las puertas.

> «Una llave puede caber en la cerradura de una puerta pero cuando cabe en todas las puertas, puede demandar ser una Llave Maestra».
> NEVILLE

Neville enseñaba que debemos eliminar cualquier pensamiento de duda o incertidumbre. La certeza absoluta en la realización de nuestra petición es esencial para materializar la imaginación. La mente debe estar firmemente anclada en la convicción de que lo pedido ya está en camino.

Ten por seguro que decretar es mucho más poderoso que afirmar... Tu realidad sigue tus ordenes en forma de decretos.

Una oración se repite muchas veces. Un decreto se realiza solo una vez porque es ley.

Decretar es la verdadera oración. La oración efectiva no es suplicar, sino decretar y aceptar que tus deseos son realidades en el plano espiritual.

Una afirmación y una oración son peticiones. Un decreto es una orden. Cuando decretas, ordenas; y entonces, el mundo no tiene más opción que rendirse ante tus órdenes.

Una afirmación representa lo que quieres. Un decreto proyecta lo que eres. Hay una clara diferencia entre una creencia y un hecho.

¿Percibes las diferencias?

> «Un decreto es tu participación en el poder divino». NEVILLE

En el contexto espiritual, un decreto es una acción interior para manifestar una intención específica en la realidad física. A diferencia de una simple afirmación positiva, un decreto se pronuncia desde la autoridad y la certeza. La manifestación es un ejercicio espiritual.

Un decreto invoca una posibilidad y la establece como una realidad, actúa como un puente entre el reino de lo potencial y el reino de lo manifestado. Al decretar, una persona expresa algo más que un deseo: asume un hecho consumado para moldear su entorno.

El poder del decreto radica en la alteración de la conciencia del individuo y, por extensión, de su realidad externa. Al utilizar decretos, la mente se alinea con un poder creativo, permitiendo que la intención penetre profundamente en el mundo material.

Así, un decreto es tanto una orden como una promesa hecha desde la comprensión profunda de la propia identidad espiritual. Y es un poder. Su poder puede ser olvidado o recordado; y si es así, mal usado o bien usado. Pero nunca puede ser perdido porque forma parte del ADN humano.

Tu mundo está a tus órdenes. Y el decreto es el secreto del deseo cumplido para moldear tu realidad.

> «El arte del decreto implica imaginar y sentir tu deseo como ya cumplido». NEVILLE

El decreto no consiste solo en verbalizar lo que deseas, sino también imaginarlo vívidamente y sentirlo intensamente como un algo consumado, como un deseo cumplido. A eso se reduce todo.

Haz este ajuste no solo en tus conversaciones públicas, sino también en tu diálogo interno o mental. Expresa convicción.

La mayoría de tus conversaciones son contigo mismo. Presta especial atención a lo que te cuentas en tu mente, porque decretas lo que te dices y después toma forma.

La Ley de la Palabra establece que la palabra se hace carne. Para comprenderlo, considera que la palabra es vibración y el mundo es un campo vibratorio donde todo está interconectado a través de la vibración.

Las palabras son vibración en una cierta frecuencia. Cuando escribes con una pluma de luz, su frecuencia vibratoria se convierte en decreto.

Te aseguro que un decreto requiere de la firma energética de la certeza para hacer que resuene en el cosmos como una campana.

Sugerencia número uno: cambia tu vocabulario y verás cómo tu vida cambia en consecuencia.

Sugerencia número dos: evita los términos negativos y notarás grandes cambios.

Y comenzarás a materializar tus deseos.

En resumen: tu mundo, aunque parezca objetivo, es subjetivo. Es un reflejo del diálogo interno de tu mente subjetiva.

Pero sigue leyendo porque acabamos de empezar...

> «El mundo obedece a tus órdenes cuando comprendes que eres el creador de tu realidad. Todo lo que deseas está a tu disposición».
> NEVILLE

El decreto se empodera en la conciencia, porque es ella la que posee el poder de crear en la materia. La única sustancia es la conciencia.

El decreto es interno, no externo; no necesita ser expresado en voz alta. No es una afirmación verbalizada o escrita, sino la experiencia de identificarse con lo decretado. Es asunción pura.

Así, una persona puede internamente desear prosperidad a la vez que se identifica con la escasez. Esta contradicción impide el progreso del deseo. La escasez no es el problema; el verdadero error es dar testimonio de ella en el mundo.

Ten cuidado. Cada vez que decretas: «Yo no puedo», «Yo no soy», «Yo no sé», «Yo no tengo»… estás decretando negativamente y manifestando negativamente. Los decretos negativos también moldean nuestra realidad. Deja de decirte que no puedes o que es difícil. No empeores las cosas.

¿Cuál es el decreto raíz? Como ya hemos visto, el primer decreto y el más poderoso de los decretos es: «Yo Soy». En cuanto a la manifestación de deseos, la «yosoidad» (Yo Soy) es el origen de lo que creamos en el mundo, la llave para materializar realidades. Examina la portada de este libro.

Recuerda: el decreto raíz que es causa de todas las causas es: «Yo Soy». La Llave.

> «El ser humano siempre ha decretado aquello que ha percibido en su mundo. Jamás ha percibido nada en el mundo que el hombre no haya decretado que aparezca». NEVILLE

Para construir tus órdenes, es recomendable seguir tres pasos:

1. Tu primer paso es decretar «Yo Soy». Afirma «Yo Soy» hasta que tu mente se una al Ser creativo, la Fuente, el Yo Superior o Divinidad, pues es todo lo mismo.
2. Tu segundo paso es añadir tu intención, deseo, sueño o creación. «Yo soy__________».

3. Tu tercer paso es empoderar tu decreto. Añade al final la firma energética: «Está hecho». «Yo soy________. Está hecho».

De algún modo estás diciendo: «Sé quién soy, esto es lo que quiero y es una orden que ha de cumplirse». Listo. Ahora ya sabes cómo decretar para moldear la realidad.

Ejemplos de decretos: «Yo Soy Salud. Está hecho», «Yo Soy Riqueza. Está hecho», «Yo Soy Felicidad. Está hecho», «Yo Soy Libre. Está hecho»… En definitiva: «Yo Soy (mi deseo). Está hecho».

Estos son los dos decretos más poderosos:

1. Yo Soy.
2. Está hecho.

Una vez asumida la identidad real, se debe añadir el deseo y la emoción del estado imaginado. El secreto de la manifestación radica en el decreto: «Yo soy (eso)». Regresa a la portada de este libro y lee el título.

Para ascender a un nivel de vida más elevado, debes elevar tu concepto del «Yo Soy». Es el secreto para materializar sueños, ideas, deseos, anhelos… aquello que hace que tu corazón arda en llamas.

El decreto «Está hecho» representa la emoción del logro cumplido, la certeza en el resultado, la inevitabilidad del deseo como un hecho objetivo.

«Tratar de cambiar sus circunstancias externas sin antes cambiar tu estado de conciencia, es tan absurdo como tratar de modificar el aspecto personal rompiendo el espejo en el que se mira». NEVILLE

El mundo es un salón de espejos. Todo lo que existe afuera es la conciencia expresada; no hay nada más que la conciencia proyectada. Lo que imaginas ser se solidifica en tu mundo exterior:

- Tu mundo es como es porque tú eres como eres.
- Tu mundo aguarda conocer tus deseos.
- Tu mundo responde a tus órdenes.
- Tu mundo es maleable como el barro.

Ahora bien, si careces de un ideal, careces de la causa que construirá una nueva realidad. Establece tu yo ideal primero y después imagina una vida ideal en la que le encaje: «Yo soy (eso)».

Sumérgete en el mundo subjetivo de tu ideal y el mundo objetivo se moldeará según lo que decretes. A diario, retira tu atención de los hechos objetivos y céntrate en un deseo subjetivo para hacer que ocurra. Ve lo invisible. La historia llama «visionarios» a aquellos que pueden ver lo que los demás no ven.

Al decretar, no te preocupes por el «cómo». El ego cuestiona: «¿Cómo lo lograré? ¿Cuándo sucederá?». En realidad, el «cómo» es irrelevante porque tu trabajo se limita a ordenar. Y el Espíritu Creativo del cosmos actuará.

No especules sobre cómo o cuándo se materializará lo que deseas, pues nadie sabe cómo sucederá. Especular es alejarse de lo Creativo. Especular es dudar, y dudar significa negar tu poder.

El «Yo Soy» no duda, porque el «Yo Soy» es certeza absoluta. Cer-te-za.

Si buscas una referencia sobre el plazo, he de decirte que Neville la encontró en las Sagradas Escrituras donde el plazo de «tres días» se repite muchas veces para cristalizar lo imposible. Si fueran tres días, bien; y si fueran tres meses o tres años, también.

¿Cómo se alcanza un nivel de conciencia más elevado? Asumiendo paradigmas más elevados que llevan a percepciones más afinadas. En el nuevo estado de conciencia creativo, los antiguos paradigmas de victimismo ya no tienen cabida, porque operarás con poder personal.

> «Lo que consideramos sólido y real es en realidad insustancial y efímero. Es la conciencia la que le da forma y sustancia». NEVILLE

No existe tal cosa como una cosa sólida; todo es inmaterial. Lo que percibimos como «sólido» es parecido a un queso gruyere, solo que con más agujeros que queso.

No hay nada que sea realmente una cosa. El mundo no es sólido. Es por ello que puedes moldear la realidad.

Las apariencias nos hacen creer que estamos en un mundo predominantemente sólido. Sin embargo, este mundo, que parece sólido, es apenas un 0,999999999999% de materia. Esa fracción mínima es lo único que necesitas modificar desde el 99,000000000001% de conciencia. Muy poco o nada.

La primera conclusión del paradigma del mundo insustancial es que cambiarlo es mucho más fácil de lo que parece. La segunda conclusión es que modificar la conciencia es mucho más rápido que cambiar «las cosas».

Si la idea de que el mundo «es intangible» resulta increíble para ti, espera a saber que, además, el mundo ya está terminado.

El futuro está escrito con el desenlace —línea de tiempo— que elijas. Tu deseo ya existe en una línea de tiempo específica. Elígelo. Decrétalo. Actívalo. Vive como si lo que anhelas ya existiese para ti en un mundo terminado.

En eso consiste el libre albedrío: en elegir una línea de tiempo o destino. Por eso amo el término «manifestar» en lugar de «crear», porque no hay nada que no esté ya creado en una línea de tiempo alternativa. Todo está *creado* pero no todo está *manifestado*. Esa es tu parte.

> «El mundo ya está completo y todas las cosas que puedes concebir ya existen. No puedes crear nada nuevo. Solo puedes encontrar lo que ya está allí». NEVILLE

No hay nada que crear, ya que todo existe en su respectiva línea de tiempo; súbete a ella y lidérala.

Tomemos, por ejemplo, este libro. Ya existía antes de mí, estaba buscando a un autor en alguna línea de tiempo que lo manifestara, pero ya estaba completamente escrito. En la línea de tiempo que yo elegí, yo lo decreté y lo escribí. En otra línea de tiempo diferente, yo no lo decreté y entonces lo escribió otro autor. Pero la publicación del libro era inevitable porque ya existía en el campo de todas las posibilidades.

Otro ejemplo: los inventos científicos también son inevitables porque ya existen en el programa evolutivo de la especie. Eventualmente, todas las civilizaciones del cosmos manifiestan los mismos inventos, que están listos, esperando a que una civilización los descubra y los manifieste.

El avance de la ciencia sigue un patrón que se repite en todas las civilizaciones del universo. Centenares de inventos han sido patentados por diferentes personas en tiempos coincidentes porque había llegado su momento.

Cuando llega «El Momento» de cada cosa, su manifestación es inevitable. ¿Milagros inevitables? Exactamente, eso es lo que son.

Tú, yo, y cualquier persona pudo nacer de otros padres —porque ya estábamos creados y nuestro nacimiento estaba decidido—, pero finalmente los padres que conocemos nos manifestaron.

Esa es la clave: el mundo ya está terminado y todo ocurre en el único tiempo que existe —el presente—. Entonces, ¿qué determina que suceda una cosa u otra? La respuesta es: tu estado de conciencia y tu decreto creativo.

> «Tus deseos básicos son palabras de promesa o profecía que contienen dentro de sí mismos el plan y el poder de su expresión». NEVILLE

Un último secreto a la hora de materializar deseos mediante decretos…

Reconoce que, en los niveles de conciencia de tercera densidad, o 3D, no hay conciencia de autorresponsabilidad, ni de poder. Desde ese nivel de conciencia tan básico, se reza para hacer peticiones al poder externo.

En pocas palabras, en la 3D, las personas desempoderadas le piden a su dios que les dé lo que ellas no saben darse a sí mismas. En esta lectura, como revelaba Neville, entenderás que Dios se convirtió en ti para que tú puedas convertirte en Dios.

Pero cuando se asciende en el nivel de conciencia, en la quinta densidad o 5D —donde se es consciente de crear las propias experiencias—, ya no se busca ayuda exterior. Se ordena desde el poder interno.

En la quinta densidad eres dueño y señor de tu destino, tus deseos son órdenes, tus decretos no pueden no ocurrir y el universo conspira a tu favor. Siempre, todas las veces.

Entrénate para ese momento. No en pedir, sino en ordenar. Recuerda que pedir presupone carencia y decretar presupone abundancia. Es como pasar de mendigar a reclamar.

Al decretar, no debes esperar a que algo suceda; antes bien, debes aceptar que ya ha sucedido en el nivel espiritual y pronto se manifestará en el físico. Estás reclamando lo que ya es tuyo.

Relájate, pues el resultado es cierto y seguro. En el centro del cosmos…

- La duda ya está resuelta.
- El final ya está establecido.
- El desenlace está concedido de antemano.

Mientras absorbes este conocimiento esencial, comprendes que tus decretos son órdenes inapelables. Puedo sentirlo.

Y después de decretar, ya no dudas, sino que aceptas lo decretado y te preparas para su manifestación, cuando quiera que llegue.

Porque tu única función es *manifestar* en el ámbito visible lo ya *creado* en el ámbito invisible. Este es el Secreto del Decreto: el mundo está a tus órdenes.

Ahora ya lo sabes.

TRES
EL SECRETO DE LA ORDEN
LA LEY DE LA PETICIÓN

La «Ley de la Petición» asegura que el acto de pedir con convicción es el catalizador que inicia el proceso de manifestación. Cuando ordenamos un cambio para el mayor bien, no estamos suplicando nada a nadie ni nos suponemos en una posición de carencia, sino que estamos declarando nuestro poder divino para manifestar un cambio.

PEDIR CORRECTAMENTE ES ORDENAR desde el sentimiento del deseo cumplido.

La verdadera petición *ordena* —no pide— y asume que ya *eres* lo que deseas (no puedes *pedir* lo que ya eres). Esta es la diferencia entre una petición atendida y otra que no.

La forma que tome tu petición se corresponderá con la respuesta que vas a recibir. Si sientes que tu deseo ya es real, estás dando una orden que debe cumplirse sí o sí.

El sentimiento es el secreto; cuando realmente sientes que tu deseo es una realidad, estás enviando una orden al Cosmos Creativo para que lo materialice en tu mundo. El mundo está a tus órdenes.

Entiende que tus deseos son órdenes que la *realidad* ha de cumplir. Al constatar que tus deseos son órdenes ineludibles, alimentas la energía que mejora la manifestación. Ese es el Secreto del Decreto.

Pedir desde la carencia no sirve. Prueba a pedir desde la asunción del deseo cumplido para crear el estado de conciencia que manifestará el deseo. Esto es pedir desde la creencia de que ya lo posees.

Sí, las oraciones se pierden porque las personas suplican en lugar de reclamar.

Es muy obvio que suplicar, orar, pedir, ordenar, decretar, reclamar… tienen diferentes frecuencias vibratorias. Y tendrán un impacto desigual en el mundo de las cosas.

Iré al grano: lo que esto significa es que ordenar es un acto creativo. ¡Está probado!

> «Asume el sentimiento del deseo cumplido y observa la ruta que tomará tu petición.
> Porque el poder de asumir y pedir al Espíritu reside en la certeza de que lo deseado ya es una realidad invisible que pronto se hará visible». NEVILLE

Asume el logro de aquello que pides para moldear tu realidad. ¿Extraño? Pronto verás que es lo más lógico.

Ordena desde el sentimiento del deseo cumplido y deja que las cosas se reorganicen.

La verdadera petición asume que ya eres aquello que deseas; por eso reclamas. La falsa petición te separa de ello (y no puedes pedir lo que ya eres) por eso suplicas. Esta es la diferencia entre una petición atendida (verdadera) y otra que no (falsa). Millones de oraciones se pierden porque millones de personas suplican en lugar de reclamar.

La forma que tome tu orden para materializar deseos es irrelevante; el resultado se adaptará a la forma en que mejor pueda servirte. Eres hijo de la inteligencia del cosmos y sabe cómo cuidar bien de ti.

Pedir correctamente, ordenar, implica permitir los deseos. Supone la desaparición del ego separado y necesitado. Exige deshacerse del bajo nivel de conciencia en el que el fracaso es inevitable. La verdadera petición es ordenar desde un estado de conciencia en el que el fracaso no es una posibilidad.

Pedir correctamente, ordenar, es renunciar a la carencia. Significa abrazar quién eres y recibir todo lo que tú mismo te concedes al ordenarlo.

Pedir desde la carencia no sirve. Mejor prueba a pedir desde la asunción del deseo cumplido para crear el estado de conciencia que manifestará el deseo. Esto es ordenar desde la asunción del cumplimiento.

> «Pide con la certeza de que lo que deseas ya es tuyo, pues la verdadera petición no es una súplica, sino una afirmación de lo que ya existe en el reino invisible y está esperando ser revelado». NEVILLE

Pide, ordena, un cambio de percepción en el que no se necesita nada. Hasta que su momento llegue, celebra mientras tanto que al no desear nada, estás listo para conseguirlo todo.

Este es el poder de la verdadera petición que no pide nada, sino que lo da por hecho.

La verdadera petición no es una súplica carente de poder interior. La verdadera petición agradece incluso antes de recordar haber recibido lo solicitado, ya que conoce el resultado de sus órdenes.

La verdadera petición no consiste en suplicar, ni siquiera en pedir nada. Pedir implica carencia y no hay nada que no tengas ya. En lugar de eso, centra tu esfuerzo en recordar tu identidad real desde la que reclamar con un decreto.

Esto no es una petición al uso en el sentido estricto, sino más bien deshacerse de la confusión que impide reconocer al verdadero yo. No es pedir, sino reclamar el poder de materializar deseos.

No importa lo que la situación visible parezca ser. Cualquiera que sea la realidad, está a un paso de transformarse en algo completamente diferente.

Cuando ordenes, siente agradecimiento por haber recibido ya tu petición, aunque tus sentidos no puedan constatar su «presencia». Si al decretar crees que ya has recibido la versión energética de lo pedido, obtendrás su versión material.

Aunque tus sentidos ahora no puedan verlo ni sentirlo, tu cuerpo energético puede reconocerlo. Tus sentidos tratarán de convencerte de que es una alucinación. Pero solo la convicción lo convertirá en un deseo cumplido.

«Cerrar la puerta a los sentidos» es negar la evidencia que muestran los sentidos. Esa audacia, propia de un héroe, constituye un atrevimiento tal que «abre un portal» a la dimensión milagrosa.

La intensidad de la audacia de suponer que eres lo que anhelas, sin transigir, sin fisuras, hará que ocurra en tres días o en tres meses.

> «Lo que sea que desees, cuando pides
> creyendo que lo has recibido, lo tendrás».
> NEVILLE

Estás en lo correcto si crees que el éxito es autosugestión ¡porque el fracaso también es autosugestión! Solo tú puedes decidir qué *sueño* deseas manifestar (un sueño feliz o una pesadilla); y lo elegido es lo que vas a vivir en tu realidad moldeada.

Ahora no estás pidiendo, estás ordenando mediante un decreto. Estás asumiendo que lo deseado ya es real. Al ordenar, en lugar de pedir o suplicar, estás asumiendo que lo deseado ya es tuyo, lo que activa su manifestación.

El Cosmos Creativo responde a tus órdenes, no a tus deseos. No supongas, no calibres posibilidades, no especules… En lugar de eso, ordena y decreta la nueva realidad.

En sentido estricto, no hay nada que pedir; lo único que puedes hacer es entregar tus dudas sobre obtener lo que deseas. Las verdaderas peticiones no piden nada; reclaman, y por eso funcionan.

La emoción subyacente de la verdadera petición es la del deseo cumplido, como si lo deseado ya hubiese ocurrido y, por fin, todo estuviera en perfecto orden.

Las oraciones y peticiones son solo palabras, pero necesitan del sentimiento del logro, que es la verdadera petición. No es lo que dices, ni lo que necesitas, ni lo que quieres, ni lo que mereces. Es lo que sientes. No necesitas palabras para moldear la realidad. Necesitas la emoción del logro cumplido.

De hecho, el sentimiento transforma al que pide, y este es el único cambio necesario en el ámbito no visible de la conciencia creativa. Sí, el único cambio necesario para manifestar un deseo es el cambio de quien pido, no el cambio del mundo exterior, ya que el mundo de los efectos es un reflejo de la conciencia creativa.

«El sentimiento es el secreto». NEVILLE

Los sentimientos son estados emocionales que activan y dan vida a imaginaciones y pensamientos, convirtiéndolos en una realidad física tangible.

Desde el mundo físico no podemos crear ningún cambio; allá afuera solo hay efectos, no causas. El mundo es fenoménico. La causa siempre es la conciencia «Yo Soy».

No importa si *finges*. Siéntete como si tus peticiones ya hubieran sido atendidas. No te imagines triunfando, siéntete triunfando. No te visualices haciéndolo, siéntete haciéndolo.

Sin pedir nada a nadie, sin ofrecer nada a cambio. Únicamente vive lleno del sentimiento de agradecimiento por el deseo cumplido que está a punto de manifestarse en la forma.

Ahora ya sabes que la petición concedida es aquella que contiene el sentimiento del deseo cumplido. Y se convierte en una reclamación atendida.

Por lo tanto, y pasándolo a limpio, la petición verdadera es más una actitud vital que una práctica puntual. Las personas vivimos en un «estado de petición/reclamo continuo» de esto y de aquello. Nuestro diálogo interno pide/reclama lo que queremos. Vigila pues lo que piensas, aquello que te dices... ¡porque podría cumplirse!

> «Creer en un estado como verdadero de otro, no solamente despierta ese estado dentro del otro, sino que lo hace vivo dentro de ti». NEVILLE

Lee con detenimiento la siguiente verdad: un deseo expresado como una orden, se manifiesta tarde o temprano. El deseo ardiente —mantenido con constancia y expresado como una orden clara— encontrará su camino hacia la manifestación, sin importar los obstáculos.

Tu conciencia deja una huella en el universo con cada pensamiento, emoción y acción. No necesitas recordarle lo que quieres al campo de todas las posibilidades, porque el campo de todas las posibilidades no olvida nada y responde a todo.

La efectividad de una orden se mide por la sinceridad y la profundidad del sentimiento que acompaña dicho decreto. Cuando vives como si lo deseado ya fuese una realidad en tu vida, activas un poderoso mecanismo en el universo que comienza a trabajar en tu favor.

Por eso no tiene sentido hacer afirmaciones repetitivas, visualizaciones diarias, o recitar oraciones de forma mecánica miles de veces. Cada palabra pronunciada y cada intención existen para siempre. Todo lo creado existe para siempre bajo alguna forma.

En lugar de enfocarte en la repetición mecánica, enfócate en cultivar un estado de ser que refleje lo que deseas experimentar. Vive desde la posición de haberlo recibido, en cada acción y decisión que tomas a lo largo del día.

«Cuando ores, cree que lo has recibido y lo tendrás. La única condición requerida es que creas que tu plegaria ya se ha realizado».
NEVILLE

El Cosmos Creativo ya ha captado lo que deseas y lo que necesitas. Llevas en tu interior la chispa divina que sabe todo lo que te importa antes que tú mismo. El campo de todas las posibilidades atiende, escucha, nunca olvida y siempre responde.

Lo que significa que pedir y volver a pedir un deseo una y otra vez solo refuerza un sentimiento de carencia e impotencia. Repetir es dudar. Y nunca falla la petición, falla la duda y la incoherencia. Deberías haberlo notado.

Atento a tus limitaciones —> incoherencia

Atento a tus deseos —> coherencia

Por suerte, no necesitas volver a pedir lo ya pedido. Toda intención, una vez formulada, existe para siempre (es eterna) y busca el momento y el contexto adecuados para manifestarse cuando es reclamada: su momento.

Basta que te impregnes del sentimiento de éxito una vez para quedar empapado. Puedes imaginar tu deseo cumplido muchas veces pero solo es preciso hacerlo una vez. Después deberás mantener la certeza y actuar en coherencia.

No hay nada más que hacer. Lo cual significa que no hay que preocuparse por cómo o cuándo va a suceder. El propio deseo conlleva las circunstancias en su ADN.

La gente falla en su falta de certeza y de coherencia. Es ahí donde está en el problema. A la gente no le gusta pensar que cada uno es el responsable de sus condiciones de vida. Prefieren buscar culpables porque esta verdad les resulta demasiado dura y ofensiva.

Tampoco necesitas tampoco ningún tipo de ritual, ya que todo eso pertenece al mundo de las cosas y los cambios se activan primero en la realidad no visible del subconsciente y en el mundo después.

Entrega tus necesidades, no para que sean atendidas, sino para librarte de ellas como tales. En ese momento, sabrás que no deseas nada porque eres capaz de manifestarlo todo. Y, en consecuencia, lo que hayas imaginado estará en tu mundo para ti.

Entrega tus supuestas necesidades. Sí, como lo oyes, pues forman parte de un estado de conciencia estéril que debes dejar atrás. Y entonces, un gran poder se hará cargo de todo lo que parece faltarte. Si dudas es porque aún no has trascendido tu nivel de conciencia basado en el temor.

Una vez restablecida la conexión con el Amor, todo lo que necesitas se manifestará en tu mundo; no como favor, sino porque al revelar tu verdadera naturaleza divina, la manifestación sucede de manera natural.

¿Y si pides por otros? La necesidad de pedir por otros desaparece cuando reconoces su identidad real. Muéstrales quiénes son. Ellos también encarnan la divinidad, permíteles ejercerla.

Si dejas de proyectar la carencia en ellos, extiendes la plenitud hacia ellos. En ese instante, ya no ves ninguna falta y les enseñas a verse como tú los ves ahora.

Reconoces que todos somos amor, y el amor nunca necesita nada porque lo es todo. Es una verdad universal.

Ahora, al terminar este capítulo, comprendes que la petición eres tú y y la respuesta no puede separarse de ti. Ahora sabes que reclamas la divinidad de la que eres un fractal. Solo anhelas reconocerla en ti.

Y en ese momento, tus peticiones son órdenes. Recuerda este secreto revelado: lo Creativo habita en ti y está listo para ayudarte, esperando tus órdenes.

Abróchate el cinturón de seguridad...

CUATRO

EL SECRETO DE LA «CONCIENCIA CREATIVA»
LA LEY DE LA PROYECCIÓN

La «Ley de la Proyección» nos recuerda que nuestra vida es un eco de nosotros mismos. En nuestros asuntos, solo podemos ver lo que proyectamos, pues son sustancia mental. Todo lo percibido en el entorno material personal está en algún grado, en algún momento y en algún aspecto creado desde la consciencia. Al examinar nuestra vida, solo podremos vernos a nosotros mismos.

LA ÚNICA REALIDAD es la conciencia, que es pura percepción (interpretación). Por conciencia me refiero a un estado mental que resume un conjunto de paradigmas y creencias. Es la forma de ver el mundo y de interpretarlo.

Es posible, y necesario, elevar el nivel de la conciencia a un nivel superior, lo que implica un cambio de percepción. Los milagros que esperas se producen tras un cambio de percepción.

La conciencia puede tener muchos niveles que ascienden en perfección. Un alto nivel de conciencia puede llevar justo a las puertas de la *conSciencia*, el Ser real.

Permite que la *conSciencia* se manifieste en la conciencia y todo se ordenará de forma sencilla y sabia, sin que haya que hacer mucho más. Salvo aprovechar las oportunidades que se presenten para agilizar el plan de manifestación.

¿Cómo se logra esto? Es lo más sencillo de todo: entrégale al Yo real, la *conSciencia*, todos tus asuntos mundanos.

Vive desde esa identidad espiritual y confía en la Ley de la Proyección para moldear tu realidad.

Pasado a limpio, este es el secreto: nuestro estado de conciencia coincide con nuestro nivel de manifestación. Para avanzar en uno, debes elevar el otro.

«Cada día, dedícate a despertar a un nivel superior de conciencia. Todo lo que deseas ya está dentro de ti, esperando ser reconocido y manifestado». NEVILLE

Existen muchos niveles de conciencia creativa, y cada uno tiene su propio nivel de manifestación. Si elevas tu conciencia lo suficiente, el logro es seguro; si desciendes en conciencia, el logro se vuelve imposible.

Es imposible lograr un cambio exterior sin un cambio interior. Dicho de otra manera: una vida superior requiere un estado de conciencia superior. Este es el secreto.

Desenrédate de las apariencias objetivas y abraza las causas subjetivas. Rumi nos enseñó a encontrar en las raíces lo que buscamos en las ramas. Tu conciencia creativa crea a cada momento y es la causa primera. Para transformar tu vida, que es el efecto, debes elevar tu conciencia que es la causa.

Tu conciencia creativa es la herramienta más poderosa. Enfócate en modelar la vida que anhelas mediante el decreto del deseo cumplido.

Esto se explica de muchas maneras: la Ley de la Atracción, la Ley de la Asunción, la Ley de la Siembra y la Cosecha, la Ley del Karma, la Ley del *Boomerang*, la Ley de la Proyección… Pero siempre actúa el mismo secreto: el poder de la conciencia moldeando la realidad.

La conciencia creativa es la causa de toda manifestación. La conciencia interactúa con la realidad y es la fuente desde la cual fluye toda creación y manifestación.

Ahora empiezas a entender que lo que asumes en tu conciencia creativa se convierte en tu siguiente realidad. Nuestras suposiciones sostenidas, empoderadas con sentimiento, dictan lo que se manifiesta en nuestras vidas.

Por eso, tú eres el operador —mediante tu conciencia— que diseña tu realidad. Tus suposiciones de hoy serán tus manifestaciones de mañana.

> «Puesto que todas las cosas son posibles para Dios, y sé que Dios es mi consciencia de ser, puedo realizar mi deseo. Cómo se va a realizar mi deseo no lo sé, pero sé que se realizará».
> NEVILLE

La conciencia creativa es un molde que esculpe las experiencias que vivimos. Y lo hace una y otra vez. Porque toda manifestación ocurre antes en la conciencia.

Este es el secreto: el cosmos responde a la convicción, no a los deseos. No basta con desear, además es precisa la convicción en el deseo cumplido para activar la manifestación.

Para algunos, la vida es una lucha; para otros, es un juego. En unos, todo es predecible y repetitivo; para otros, los «milagros predecibles» son la norma…

Usan vocabularios distintos porque sus mentalidades difieren, y sus niveles de conciencia también…

Obtienen diferentes escalas de logro, diferentes velocidades de manifestación y diferentes niveles de esfuerzo… Unos casi siempre ganan y otros casi siempre pierden. Unos y otros juegan juegos distintos con reglas diferentes…

Las personas viven en «dimensiones mentales» diferentes y manifiestan vidas diferentes (con sus problemas y soluciones completamente diferentes). ¡Viven en realidades paralelas!

Ahora ya sabes que:

• Tu mundo es tu conciencia proyectada.

• Tu realidad es tu identidad.

• Como es adentro, es afuera.

• Cuando miras el mundo, estás mirando tu conciencia.

Pasar del paradigma «de afuera hacia dentro» al paradigma «de dentro hacia fuera» perfecciona la vida de una persona y eleva su nivel de conciencia. Es la catapulta a la maravilla.

La única función del mundo es actuar como un espejo, una pantalla donde proyectar lo que somos. Su función es mostrar el estado de conciencia personal.

Una vez más, las circunstancias externas siempre coinciden contigo. Conseguimos lo que tenemos conciencia de ser.

Si decides cambiar una circunstancia, deberás modificar antes el estado de conciencia que condiciona esa circunstancia.

«La conciencia es la única realidad que crea».
NEVILLE

Cuando tu conciencia está alineada con la abundancia, experimentarás un suministro infinito como resultado natural.

Afróntalo, tu mundo es una proyección de tu propia conciencia. Tu conciencia es el molde.

La buena noticia es que este libro ha abierto tu mente. Ahora sabes que los deseos son estados de conciencia que emergen de la única realidad, la dimensión interior.

Neville argumentaba que, al cambiar tu auto concepto, los deseos que albergas se transforman automáticamente. La escala de valores ha cambiado.

Dicho de otro modo, conciencia y manifestación son inseparables, son las dos caras de una misma moneda.

Debes entender que la manifestación es el resultado natural de un deseo. Si no es así, deberías poner atención a tu conciencia que actúa como la causa fundamental de todos tus asuntos.

La conciencia no solo percibe el mundo, sino que lo crea activamente a través de las proyecciones.

Tu realidad actual es un reflejo directo de tu conciencia. Todo lo que experimentas es un reflejo de lo que proyectas desde la conciencia.

¿Por qué es tan bajo el nivel promedio de logro? Porque cuando deseamos mejorar nuestra vida, casi siempre tratamos de hacerlo por nuestra cuenta (desde el ego) y no desde la conSciencia o el Ser real (permitiendo que todo ocurra a través de nosotros).

Todos quieren materializar sus deseos, pero casi nadie está

dispuesto a cambiarse a sí mismo. Prefieren esperar a que las cosas mejoren por sí solas, espontáneamente.

¿Por qué tantas personas fracasan en sus sueños? Porque no entienden que su logro requiere un cambio personal, no un cambio de circunstancias.

Ignoran que todo tiene que ver con quiénes somos, no con lo que hacemos. La conciencia creativa es la causa principal de los sucesos que experimentamos en la vida.

¿Entiendes ahora por qué todo cuesta tanto en la tercera densidad?

Para materializar tus deseos, debes dejar de enfocarte en los aspectos materiales de tu vida y centrarte en el ámbito espiritual que los condiciona.

> «No hay ningún problema que no pueda ser resuelto con un cambio de conciencia».
> NEVILLE

Neville además afirmaba: «Intentar cambiar el mundo sin cambiar primero nuestro concepto de nosotros mismos es luchar contra la naturaleza de las cosas». Esto se explica por sí solo.

Y añadía después: «No hay nada que cambiar, salvo nuestro concepto de nosotros mismos. Tan pronto como transformemos nuestro ser, nuestro mundo se disolverá y se reconfigurará en armonía con lo que nuestro cambio declara».

Cada estado de conciencia presenta sus propias limitaciones, las cuales se superan en el siguiente nivel de conciencia. Existen numerosos niveles de conciencia y cada uno conlleva un nivel de manifestación diferente.

Centra tu atención en un cambio de conciencia y no en un cambio de circunstancias. Enfócate en lo que es causativo.

«Debes perderte a ti mismo en la conciencia de ser solamente la cosa que deseas». NEVILLE

Recuerda:

- No ocurre lo que quieres, ocurre lo que sostienes en tu conciencia creativa.
- No se trata de las cosas que tienes o no tienes, sino de la conciencia que expresas.
- No es lo que te pasa, es lo que atraes.
- No es lo que ves, sino lo que supones.

Vives en un mundo fenoménico donde no hay nada que «arreglar» o mejorar; porque «lo de afuera» es solo una proyección del estado de conciencia.

La materia siempre sigue a la conciencia y la reproduce dondequiera que va. Cambiar de pareja, de empleo, de domicilio… sirve de poco sin un cambio personal. ¡Tu vida te persigue!

¡Eleva la conciencia! Es la única *reparación* necesaria para moldear la realidad.

Nunca se dirá suficientes veces que si cambias tu conciencia, cambiarás tu mundo. La transformación personal comienza con un cambio en la conciencia, lo que opera cambios en el mundo externo.

La Ley de la Proyección se resume en una metáfora: el mundo es un espejo. Y lo que refleja es nuestra conciencia. Si cambiamos lo que sentimos y creemos (somos) en conciencia, el reflejo en el espejo del mundo exterior también cambiará.

Un día, la humanidad formulará un deseo y lo verá materializarse al instante. Aunque todavía estamos lejos de lograrlo.

En el cosmos existen seres que piensan algo y se materializa. Manifiestan algo de la nada. Ellos nos crearon. E insertaron ese super poder en nuestro ADN.

La manifestación nos parece magia, y lo es. Pero como somos magos, esto debería ser parte de la normalidad cotidiana. Cuando nuestra conciencia se eleve lo suficiente, podremos crear una galaxia y ponernos a su mando.

Nuestra misión en el planeta Tierra es hacer visible lo invisible. Vinimos a recordar quiénes somos, hijos de la luz, para expandirla primero en el planeta y luego en el cosmos.

A medida que las palabras que he escrito alcanzan tu corazón, estás descubriendo el secreto de la conciencia creativa.

¿No es excitante?

CINCO
EL SECRETO DE LA «ÚNICA REALIDAD»

LA LEY DE LA CONCIENCIA

La «Ley de la Conciencia» establece que el mundo real es conciencia en diferentes densidades. Cada densidad tiene un nivel de logro distinto. En la quinta densidad se trasciende la separación: todos somos Uno, somos la misma conciencia interconectada. Entonces, lo imaginado coincide con lo manifestado al instante.

CON LA LECTURA de este libro, te convertirás en un maestro de la AI. Y no, no me refiero a la «Inteligencia Artificial». Te hablo de «Acción Interna». Pronto entenderás cómo dejar que el Cosmos Creativo se exprese, a través de tu conciencia, en tu mundo.

La humanidad olvidó su magia y, por eso, ahora se siente incapaz de lograr una vida mejor. Cree en la mala suerte, el destino, las casualidades y, en el mejor de los casos, el karma. Se siente víctima de un mundo incomprensible.

Venimos de una lucha muy larga e infructuosa que no ha concluido…

- Sé que el mundo no te ha enseñado a crear una vida ideal para que no recuperes tu poder ilimitado.
- Sé que este discurso puede ser difícil de aceptar para algunos; pero para muchos otros, es una verdad intuitiva.
- Sé que es muy diferente a lo que los demás piensan. Pero mira sus vidas desoladas… carecen de magia.

Y como sé todo eso, voy a proporcionarte la esencia de la Ley de la Conciencia simplificada, abreviada, aplicable de inmediato... Aquí lo tienes: Acción Interna. Sí, has leído bien: Acción Interna (AI).

Siguiendo con la idea...

A ti y a mí nos han hecho creer que el poder es externo, pero en realidad es interno. La causa de todo lo que quieres está en ti, pues en el mundo, solo encontrarás los efectos de la única causa, que eres tú.

He aquí el secreto de la manifestación automática: trabaja en la Acción Interna (AI). El secreto para materializar deseos es la acción interna.

> «La conciencia es el molde que da forma a tu vida». NEVILLE

Voy a poner sobre la mesa otros conceptos interesantes para manifestar deseos: *acción interna, conciencia pura, imaginación creativa, decreto, asunción, convicción, sentimiento, deseo cumplido, confianza pura, gratitud injustificada, milagro predecible*... Introdúcelos en tu vocabulario habitual. Este es el instrumental lingüístico que crea nuevas realidades.

Pero vayamos por partes.

Empecemos con la Acción Interna, algo tan simple como decretar un resultado y sentirlo cumplido antes de que ocurra en el mundo material. La Acción Interna consiste en movilizar resultados externos a través de la movilización del poder interno.

La Acción Interna, AI, es el secreto olvidado. Ahora entenderás por qué vivir una vida espiritual no es una opción, un lujo o una excentricidad... ¡Es una necesidad!

¿Por qué no probamos esto?

Para poder cambiar el mundo visible se requiere primero cambiar el mundo invisible. Los cambios en el mundo físico son el siempre el resultado de los cambios en nuestro estado de conciencia, pues la única realidad es la interna. Este es el secreto de la única realidad.

No hay otro modo.

Todo lo que experimentamos en el mundo físico es una manifestación de lo que existe primero en nuestra conciencia, pues la realidad externa es simplemente un reflejo de la interna.

Fácil de entender. ¿Es sencillo de aplicar? Para nada.

Pero ya es hora de asumir que no existe nada fuera de la conciencia. Todo lo que percibimos como realidad física no tiene existencia independiente de nuestra conciencia. Todo lo que vemos, oímos y tocamos es una proyección de la conciencia.

Por eso, lo que ves reflejado en el mundo es una proyección de tu estado de conciencia. Todo lo que experimentamos en nuestras vidas es un reflejo de nuestros estados internos (percepciones combinadas con emociones).

Estás en lo cierto cuando intuyes que, a mayor nivel de conciencia, menos esfuerzo necesitas para manifestar un deseo. Y lo contrario también es cierto: a menor nivel de conciencia, mayor esfuerzo para materializar un deseo.

Lo cierto es que es igual de verdadero en forma de deseo que en hecho consumado. A esto me refiero cuando expreso que la conciencia es la única realidad. Y aunque tú distingues entre deseos y hechos, en la realidad espiritual del cosmos no pude existir semejante diferencia. La separación, la polaridad, es una fantasía.

> «La conciencia es la única realidad. El mundo y todo lo que hay en él son estados de conciencia». NEVILLE

Observa cómo, en realidad, no necesitas hacer nada. El cambio ocurre a nivel de conciencia. Simplemente debes fluir, actuar sobre lo que se presente.

Comprobarás que cuanto mayor es el nivel de conciencia, menos acción exterior es necesaria; y viceversa, a menor nivel de conciencia, más acción exterior se requiere.

Particularmente, un día me cansé de hacer tantas y tantas cosas. Entonces, delegué en el «gerente universal» y todo salió mejor y más rápido. Pasé de la acción externa a la acción interna.

Si alguna vez pensaste que tienes un gran poder, estabas en lo cierto: lo tienes. Tu mayor poder es manifestar cambios en el mundo, y la forma de lograrlo es cambiándote a ti mismo primero.

La única realidad es cómo eliges ver tus asuntos. Cada persona nace con el poder de influir y cambiar su mundo simplemente cambiando su conciencia.

> «La ilusión gobernante del hombre es su convicción de que hay otras causas y no el estado de su propia conciencia». NEVILLE

Para ello, es necesario morir en un nivel de conciencia y renacer en otro más elevado del «suministro abundante» del que te hablaré más adelante.

Por ahora, dedica tiempo a elevar tu conciencia buscando paradigmas más elevados. Vive desde el espíritu. Y cuando enfrentes un problema, asciende a un nivel de conciencia en el que dicho problema simplemente no exista.

Busca una solución espiritual a tu problema material.

No te será posible resolver tus retos siendo el mismo de siempre, porque la conciencia que crea un problema no puede ser la que lo resuelva. Antes de mejorar tu vida, debes mejorar tú.

Y te aseguro que elevar el nivel de conciencia es algo más que adquirir nuevo conocimiento; es transformar lo que *eres*. Ahí está el secreto: no en lo que sabes, sino en cómo eres.

La conciencia es la única realidad, la causa que crea todos los efectos en el mundo. La humanidad ha buscado la verdad en el lugar equivocado: lejos de sí misma (dioses, políticos, gurús, iglesias) y por eso ha fracasado.

Cuando aceptemos que no hay otro lugar donde mirar excepto a uno mismo, la búsqueda terminará. Esta es la pura realidad.

Tu mundo es tu conciencia manifestada. Tu mundo material es una *fotocopia* de tu estado de conciencia. Y para cambiarlo, debes ir más allá de la materia, entrar en el silencio. Y desde allí conectar con el campo de todas las posibilidades, la Fuente.

«Es imposible para ti ver otra cosa que los contenidos de tu conciencia». NEVILLE

Tu vida siempre refleja una cosa: tu estado de conciencia. Primero viene la causa y después el efecto. Vivimos en un mundo fenoménico donde, por ignorancia, no encontramos las causas directas de lo que ocurre.

Todo lo que sucede ahora, y percibimos con nuestros sentidos, se gesta en un orden subyacente. Por eso, la realidad que no vemos es más verdadera que el mundo material.

La conciencia del «Yo Soy» es la única realidad. El mundo que ves es simplemente una colección de estados de conciencia materializados.

Donde ponemos la conciencia de ser, nuestra Acción Interna (AI), la conciencia manifiesta una nueva realidad.

En el mundo material, solo vemos estados de conciencia materializados. Realidades moldeadas a través de la proyección.

El mundo nos muestra «el camino de vuelta a casa». La premisa básica es esta: eleva tu nivel de conciencia y transformarás tu realidad. Tan solo demuestra a la vida que estás a la altura de tus sueños.

«Lo que asumes firmemente en tu conciencia se convierte en tu realidad». NEVILLE

¿Cómo?

Aquí viene el cómo…

Moldea tu realidad como hace un alfarero con el barro, este es tu plan de AI:

- Explora nuevos paradigmas, ideas, y creencias que cambien tu percepción. Sé un buscador de conocimiento que transforme tu visión del mundo. Sumérgete en contenidos espirituales. Investiga en desarrollo personal.
- Mira más allá de lo visible, ignora la forma, pasa de las apariencia y enfócate en la metafísica (más allá de lo físico). Busca las causas invisibles de lo visible. En cualquier evento, pregúntate: ¿Qué causó esto?
- Cambia tu concepto de quién o qué eres, pasa del «yo ego» al «Yo Soy». Deja de lado tu identidad inventada y descubre

en ti la chispa divina. Practica la introspección, medita y obsérvate. Eso es todo.

Cuando dejas atrás la identidad inventada del ego, creada a lo largo de una vida, el verdadero «Yo Soy» emerge.

Entiende que las personas limitan sus resultados al creer que su situación actual de carencia es la única realidad. Ignoran que la realidad es elástica y moldeable como lo es la conciencia, ya que son la misma sustancia.

> «El mundo entero es la imaginación llevada a la realidad. La verdadera libertad es darse cuenta de que eres el creador de tu propio mundo».
> NEVILLE

Es fácil enfocarse en el mundo y tratar de cambiarlo, pero es inútil. El cambio no ocurre en el mundo, sino en la conciencia. El mundo visible solo refleja la conciencia.

El mundo es un subproducto de la conciencia. Para alcanzar otro estado de conciencia, debemos abandonar creencias y paradigmas limitantes que nos atan al nivel actual de conciencia y manifestación.

El mundo que cada uno ve es el resultado del autoconcepto que tiene de sí mismo. Intentar cambiar el mundo sin cambiar primero la conciencia es perder el tiempo. El secreto pues para materializar deseos es moldear la única realidad.

Y la única realidad de la experiencia en la vida es la conciencia. No son las circunstancias externas, sino nuestras percepciones internas las que construyen nuestras vidas.

Empieza a ser obvio para ti que no son las circunstancias externas las que determinan la realidad, sino las percepciones internas, las creencias y los estados de conciencia.

Pasando a limpio lo anterior…

- Primero. La conciencia es la realidad primaria. Lo que experimentamos en el mundo físico es un reflejo de nuestro estado interno de conciencia. Esto incluye nuestras creencias, pensamientos, emociones y expectativas. Lo que sostenemos en nuestra conciencia se proyecta y se manifiesta como experiencia.
- Segundo. Cada persona es la creadora de su propia realidad a través de su conciencia. No somos víctimas pasivas de circunstancias externas, sino creadores activos de nuestras vidas. El subconsciente gobierna la vida, así como también las elecciones recogidas en el Contrato (destino) firmado antes de nacer.
- Tercero. La manera en que percibimos el mundo moldea nuestra realidad. Si percibimos el mundo a través de una lente de escasez, limitación y miedo, esas serán las circunstancias predominantes. Si percibimos abundancia, posibilidades y amor, esas cualidades se manifestarán ampliamente.

> «El hombre no ha aprendido todavía que todo lo que está afuera de su cuerpo físico es también parte de sí mismo, que su mundo y todas las condiciones de su vida no son más que imágenes exteriorizadas de su estado de conciencia». NEVILLE

Creo que visto lo visto, ahora estamos de acuerdo en que para conseguir un deseo es necesario crear un nuevo estado mental. Desde esa *nueva mente* es posible crear nuevas realidades.

Hemos establecido la conciencia como fundamento de la existencia porque todo lo que se experimenta en la vida es una manifestación de la actividad de la conciencia.

- Conciencia de carencia / de abundancia.
- Conciencia de culpa / de inocencia.
- Conciencia de incapacidad / de poder.

No hay nada fuera de esta conciencia; todo existe dentro de ella como una posibilidad hasta que se activa con el poder de la atención.

La creación implosiona hacia dentro, creando el holograma del universo visible; pero en realidad, no hay más que conciencia contemplándose a sí misma en las pantallas de las diferentes dimensiones.

Finalmente, tras este capítulo, ya conoces el secreto de la manifestación de deseos, el poder de la única realidad y la acción interna.

Ahora entiendes por qué al cambiar tu concepción de ti mismo, necesariamente cambias tu experiencia. Pues al alterar la percepción, se modifica todo lo demás.

Vamos con buen ritmo y por buen camino… Solo tienes que pasar la página para descubrir cómo tenerlo todo a la vez.

SEIS

EL SECRETO DEL «SUMINISTRO ABUNDANTE»

LA LEY DE LA INTENCIÓN

La «Ley de la Intención» establece que la intención es superior al deseo o la esperanza porque la intención crea un campo magnético que hace que las cosas ocurran. La intención abriga un compromiso personal que no tiene el deseo superficial. Incluso si las oportunidades se malogran, el karma de una intención creará nuevas posibilidades. El universo responde a la energía atrayente de la intención.

DIRIGES tu atención hacia aquello en lo que crees y, simplemente mediante el acto de creer, ya lo estás creando.

Todo en lo que centras tu atención, lo desees o no, va a expandirse. No importa si no es algo que quieres; si mantienes tu atención en ello, lo estás introduciendo en el mundo.

- Primero es la imaginación.
- Segundo es la emoción, el corazón sigue a la mente.

- Tercero, ponemos la atención y la intención en coherencia… y ¡boom!

¿Qué es una intención? Una intención es un patrón creativo de la conciencia, conlleva el diseño completo de una nueva realidad. Su génesis da una señal clara al Cosmos Creativo de que nos comprometemos. Y entonces algo se activa y hace no sabemos qué.

Nunca olvides que el campo de todas las posibilidades capta todas tus intenciones. Lo que ocurre en tu vida es resultado de aquello a lo que le das tu atención y emoción, y esto inevitablemente se materializará a tu alrededor.

Como he dicho, un estado coherente materializa ese estado. La intención se abrirá paso en la materia para manifestarse en el mundo de las cosas.

Recuerda que cada intención crea forma en algún nivel. No existen intenciones neutras o sin consecuencias; todas generan algún tipo de resultado. Ahora mismo estás moldeando tu futuro abundante.

Tu futuro reflejará tanto tus intenciones conscientes como las inconscientes.

Detén tu lectura y piensa dónde podrías estar, de aquí a un año, si cada día aplicas estos principios.

> «La abundancia es un estado de conciencia».
> NEVILLE

No es tanto una cantidad de recursos externos, sino un estado interno de intención enfocado a la abundancia en todas sus formas.

La abundancia fluye hacia quien está listo para recibirla. Eso se traduce en estar mental y espiritualmente preparado para la abundancia, lo cual exige eliminar cualquier resistencia y limitación.

Hecho comprobado: la riqueza y el éxito se hacen en la mente. La intención comprometida produce toda clase de riquezas. La intención comprometida produce éxito.

Mantén un estado mental de abundancia, independientemente de las circunstancias externas actuales, y podrás atraerla.

Tu conciencia abundante es la caja fuerte de todo suministro.

El mítico cuerno de la abundancia es tu «Yo Soy abundante» sentido y sostenido; no tu negocio o tu empleo. Eso son solo canales. Puedes recibir abundancia a través de diferentes canales, pero la fuente real de la abundancia es siempre la propia conciencia. No te engañes en esto.

> «Ver la abundancia en tu mente y sentirla en tu corazón es el primer paso para manifestarla en tu mundo». NEVILLE

En cada instante, tienes la opción de decidir la vida que vivirás. ¿Por qué no decretas ahora tu suministro abundante?

Encontrarás incontables canales para el suministro abundante que se revelarán de forma sincrónica, como por casualidad.

Pero si tu mente alberga pensamientos que reflejan limitaciones, dudas y supuestas dificultades, eso es lo que estarás experimentando. La energía mental atrayente manifestará estos pensamientos en el mundo material.

No ves las soluciones porque tu mente es rehén del problema. Y atisbarás las soluciones cuando te libres de la mentalidad que cree a pie juntillas en el problema.

La alternativa de creer en el problema es creer en la solución. Todo pensamiento tiene *efectos secundarios* deseables o indeseables.

Cuando la atención se centra en los efectos y se olvida de las causas, los efectos tienden a perderse. Tu suministro abundante no proviene del mundo externo, sino de la Fuente de la que tu conciencia es el vehículo.

Recuerda este secreto revelado: si algo no está sucediendo en tu vida, tú eres el único obstáculo. Has estado emitiendo una vibración incoherente con el resultado anhelado. Iguala o entra en coherencia con lo que buscas para hacer que fluya.

Quiero que entiendas que las emociones son el *sonido de tu cuerpo*, la frecuencia que emites, la nota primaria que resuena en tu mundo… eres como una campana que retumba en el cosmos.

> «Asume la sensación del deseo cumplido; esto es lo que abre el flujo de abundancia en tu vida». NEVILLE

La premisa aquí es convertirte por anticipado en lo que deseas, para materializar tus deseos y anhelos. Debes ser tu ideal antes de experimentarlo.

Los deseos son estados de conciencia que buscan hacerse realidad. Cada estado de conciencia tiene su propia velocidad de manifestación: cuanto más elevada es la conciencia, más rápida es la manifestación.

Cuando eres tu deseo, la única opción posible es que se cumpla. Desear de manera completa equivale a crear de manera completa el suministro abundante.

En este sentido, un decreto sentido puede elevar a niveles superiores de conciencia. Y desde allí, estás a un paso del resultado.

Como ya he explicado, los deseos se materializan cuando nos transformamos en ellos. Por lo tanto, estás en posición de obtener lo que te corresponde.

Si puedes creer que lo eres ya es tuyo, y siempre lo ha sido, no podrá apartarse de tu camino y tu realidad reflejará su presencia.

«El suministro abundante es el resultado natural de una conciencia correcta». NEVILLE

Prepárate para cuando lleguen las oportunidades, te asisten fuerzas que trascienden este mundo. Cada retraso y cada obstáculo son también una oportunidad disfrazada de problema.

Tu rol en el Plan Creativo es manifestar nuevas realidades y aceptar las oportunidades, emprender una acción inspirada. Mientras tanto, vive el deseo como si ya se hubiera cumplido. Asume que es un hecho consumado.

Las oportunidades siempre se presentan con el mono de trabajo. Nunca terminadas. Rematar el deseo cumplido es cosa tuya. Acción Externa.

Hay algo aún mejor que hacer que algo ocurra: permitir que suceda sin intentar controlar o dirigir el proceso de tu suministro abundante. Acción Interna.

En el proceso de manifestación, en lugar de luchar contra las circunstancias, aprovecha las oportunidades que surjan de manera espontánea. Eso es acción inspirada. Mira cada circunstancia negativa de tu vida como una oportunidad para tu transformación.

Convierte lo malo en algo bueno y siempre ganarás, incluso cuando «pierdas».

Cuando se presente una oportunidad, tu parte consiste en aprovecharla. Sin embargo, por más que planifiques, no puedes saber con certeza cuál es el camino que te llevará a tu deseo cumplido.

Para Neville, la puerta de la oportunidad se abre siempre desde dentro. Es decir, la oportunidad se activa desde la conciencia. Las oportunidades no son fenómenos puramente externos que simplemente suceden, sino sincronicidades del Cosmos Creativo detonadas desde la conciencia.

Conéctate con la Fuente del suministro abundante y experimentarás bendiciones sin límites.

> «Ver la abundancia en tu mente y sentirla en tu corazón es el primer paso para manifestarla en tu mundo». NEVILLE

Empieza a visualizar y sentir emocionalmente la abundancia como paso preliminar para su manifestación.

Practica la visualización imaginando vivir en un estado de abundancia. Visualiza no solo resultados materiales, sino también resultados intangibles como la abundancia de paz, de felicidad y de relaciones fructíferas.

Utiliza decretos que refuercen la abundancia. Por ejemplo, decretos como: «Yo soy la abundancia en todas sus formas», «Estoy rodeado de abundancia» o «La abundancia es mi naturaleza».

Solemos vivir muy por debajo de nuestro potencial para materializar deseos. Para alcanzar un nivel de conciencia que permita la manifestación abundante, es esencial cambiar nuestra manera de percibir el mundo.

Recuerda que si niegas la abundancia, estás ignorando tu verdadera naturaleza; y por lo tanto, te estás incapacitando para recibir lo que ya es tuyo.

Ahora sospechas que nunca logramos nada solos, por nuestros propios medios. En realidad, nadie consigue nada por sí mismo o por su cuenta; siempre es la Fuente la que crea a través de nosotros, en todo momento.

Esa es la única misión aquí: despertar y conectar con la Fuente del suministro abundante para moldear la realidad.

El Cosmos Creativo respalda tus intenciones para su materialización y suministro abundante.

«La verdadera fuente de abundancia es tu propio yo interior; todo lo demás son solo canales». NEVILLE

Para Neville, el éxito no depende tanto del tamaño del sueño sino del tamaño de la imaginación. Enseñaba que la clave para el éxito estaba en la capacidad de imaginar y creer completamente en la posibilidad del sueño. Una imaginación desatada es el secreto para manifestar grandes sueños.

¿Por qué se acaba el éxito? Porque no es un destino, sino un proceso continuo sin fin; y cuando uno se olvida activar las causas que lo han creado, el éxito se desvanece. Esa es la razón del fin del éxito.

Además, el verdadero éxito es un logro impersonal. El éxito termina cuando el ego lo considera un logro personal. No cometas el error de pensar que tus éxitos son propios. La Fuente abundante está detrás de todas las manifestaciones.

Puedes ser «abundante en abundancia» o «abundante en escasez»; en ambos casos, posees aquello en lo que crees y, por ende, lo que creas.

No conseguir tus deseos es una anomalía. Lo normal es conseguirlos. Regresa a la conciencia real del «Yo Soy».

Cuando tu conciencia está alineada con la verdad que afirma que el universo es inherentemente abundante, como resultado natural experimentarás su suministro abundante.

Ahora que terminas este capítulo, intuyes el poder del suministro abundante que se desata mediante el decreto del deseo cumplido. Después de esta lectura, ya no pensarás que has logrado algo solo por tu esfuerzo individual, muchas Leyes Universales te respaldan.

Ahora entiendes qué poder es el que te acompaña y de dónde proviene. Y reconoces el éxito como el resultado de una colaboración con el poder que crea universos.

Si sigues estas simples pautas, puedes estar seguro de activar el Secreto del Decreto para tu suministro abundante.

Sigamos desvelando secretos para manifestar realidades…

SIETE
EL SECRETO DE LA EMOCIÓN
LA LEY DE LA MANIFESTACIÓN

La «Ley de la Manifestación» sostiene que, al alinear nuestros pensamientos y emociones con nuestras intenciones comprometidas, podemos influir en el mundo para que nos devuelva una realidad física que refleje esa voluntad. Este principio metafísico revela cómo los deseos influyen en la creación de realidades mediante la fuerza combinada de la imaginación, la intención y la emoción.

TODO DESEO PROVOCA una emoción y, debido a esa emoción, se materializa en el mundo físico como una manifestación. El pensamiento es el lenguaje de la mente y las emociones son el lenguaje del corazón. Un pensamiento es un camino neuronal, un mapa en el cerebro. Una emoción es un pensamiento tangible, su química materializada. Pensamiento y emoción combinados son una realidad.

¿Sabías que las emociones son el efecto químico del pensamiento?

Pensamiento->Emoción->Manifestación.

Ahora entenderás por qué no existen pensamientos neutros, o sin consecuencias, pues todos crean realidades en algún nivel del espacio y tiempo.

No permitas pensamientos negativos; cada pensamiento debe ser una inversión. Invierte en la creación intencionada de tu ideal de vida.

Has de saber que la emoción sentida es el poder que materializa los deseos. Las emociones dan vida a nuestros pensamientos abstractos, convirtiéndolos en realidades tangibles. Empoderan los decretos del deseo cumplido.

Los sentimientos son el alma de los deseos.

Cada evento tiene una emoción primaria asociada. Pregúntate: «¿Cómo podría sentirme si se cumpliera mi sueño?». Aclarada la emoción primaria, mantenla tanto tiempo como puedas.

Como he mencionado antes, todo lo que deseas inevitablemente se manifestará si sigues los principios revelados en este libro, a menos que tú mismo lo impidas.

«Una emoción intensa acelera la manifestación de tu deseo». NEVILLE

¿Qué necesita un deseo para manifestarse? Combustible. Así como el fuego requiere combustible, la conciencia necesita de la emoción para solidificar las construcciones mentales.

Sentir eleva un deseo al nivel de logro; sentir es el secreto de la manifestación. Las emociones no solo afectan cómo experimentamos la vida, sino que también determinan cómo se manifiesta el mundo a nuestro alrededor.

Si puedes sentirlo como verdadero, ya es un pronóstico del deseo cumplido. Sentir un hecho realizado es producir ese hecho.

Las emociones son el indicador infalible que revela con precisión qué estamos creando en nuestras vidas.

¿Cómo saber qué estás creando? La respuesta a esta pregunta se halla en otra pregunta: ¿Cómo te sientes ahora? La emoción actual determina la siguiente materialización.

Contamos con el «termómetro emocional» como guía. Es fácil identificar los sentimientos de limitación, miedo y duda. Son emociones que calibran muy bajo en la escala de la conciencia. O los de alegría, confianza y autoestima, que calibran muy alto.

Cuanto mejor te sientes, más cerca estás de lo que quieres; y cuanto peor te sientes, más lejos estás.

Afortunadamente, contamos con esta señal de alerta que nos será de gran ayuda en el proceso creativo. Es tan sencillo como esto: si te sientes bien, significa que estás manifestando lo que deseas. Y si te sientes mal, estás manifestando lo que no deseas.

La pregunta clave es: ¿Cómo me siento ahora? Si has estado sintiéndote mal, preocupado, angustiado o enfadado todo el día, estás creando más de lo que no deseas y menos de lo que sí deseas.

Moldea tu nueva realidad con emociones auspiciosas.

Por eso, trata de sentirse bien, o al menos estar en paz con los eventos no deseados. Progresivamente podrás ir cambiando tu estado emocional poco a poco, pero lo primero es cambiar la tendencia creativa.

> «Cambia tus emociones y cambiarás tu destino. Un cambio de sentimiento es un cambio de destino». NEVILLE

En vez de tratar de discernir qué piensas, presta atención a cómo te sientes en cada momento. La emoción es muy evidente, no engaña.

La escala de sentimientos es un indicador de nuestro estado emocional que juega un papel clave en el destino que creamos.

¡Cuidado! Si tus emociones y sentimientos son negativos —fundamentados en el miedo—, estarás creando resultados adversos. Por otro lado, las emociones y sentimientos positivos —basados en el amor— van a manifestar resultados favorables.

Para determinar qué estamos creando en cada momento, utilizaremos la guía emocional para examinar cómo nos sentimos. Si nos sentimos bien, significa que estamos en el proceso de manifestar experiencias que están alineadas con nuestros deseos.

El secreto es prestar atención al estado emocional, porque es un indicador confiable del destino que estamos forjando.

> «Los sentimientos son la clave para desbloquear la puerta de lo imaginado a lo realizado». NEVILLE

Pero, ¿cómo sentirse bien cuando aún no ha ocurrido nada? El consejo de Neville es retirar la atención del mundo exterior y sus apariencias actuales. Ignorar la información que proporcionan los sentidos. Ignorar los hechos e investirse del resultado imaginado.

Apunta a la emoción del estado imaginado una vez cumplido. Asume ahora la sensación del deseo cumplido. Porque las emociones son el lenguaje que el cosmos entiende.

El destino responde no a nuestras palabras, sino a nuestras emociones, ya que estas representan nuestros verdaderos deseos y expectativas.

El mundo es un reflejo de las ideas emocionadas.

Sentir es el secreto para manifestar lo que deseas.

Ahora ya lo sabes.

No son solo nuestros pensamientos, sino cómo nos sentimos respecto a esos pensamientos, lo que finalmente determina cómo se manifiestan en nuestro mundo.

> «La sensación es el secreto. No es lo que quieres lo que atraes; atraes lo que sientes que es verdad». NEVILLE

Los maestros budistas aconsejan controlar el pensamiento. Para corregir un pensamiento no deseado, basta con modificarlo; sin embargo, corregir una emoción requeriría un complejo laboratorio de química. Las emociones no se pueden controlar tan fácilmente como los pensamientos.

Una vez que se crea una emoción, solo puede ser equilibrada con una emoción contraria.

Comúnmente, las personas consideran su estado de ánimo como un efecto y no como una causa. Sin embargo, los estados de ánimo no son simplemente el resultado de nuestras experiencias vitales; también son las causas de esas experiencias.

Las emociones se retroalimentan, actuando tanto como causa, pero también como efecto. Recuerda la Ley de la Reversibilidad.

Si cultivamos el estado de ánimo correcto, mientras aplicamos nuestra imaginación a lo que deseamos, podemos estar seguros de que lo que nuestros estados de ánimo proyectan se materializará.

Siempre podemos forzar un «estado emocional inducido». Por ejemplo, una manera sencilla de «inducir felicidad» es a través del agradecimiento. ¡Siéntete agradecido y la felicidad aparecerá a continuación de forma natural! O bien recuerda un momento de tu vida en que te sentiste feliz, y esa emoción se reactivará en el presente.

Cuando te centras en pensamientos/recuerdos/imaginaciones que te hacen sentir bien, es más fácil encontrar otros que te harán sentir aún mejor.

La «felicidad inducida» y la «felicidad actualizada» generan una emoción creativa en el presente. Mantener esa emoción durante un minuto va a activar causas creativas.

Pasándolo a limpio: la emoción precede a la manifestación y sentir es el secreto para manifestar.

«Cambia tus emociones y cambiarás tu destino». NEVILLE

Las personas emiten una vibración que se corresponde con lo que ven y experimentan; pero no vibran de acuerdo a su ideal. Y ahí está la trampa del bucle sin fin: siempre experimentan la misma realidad, sin mejora. Para romper el círculo vicioso hay que sentirse diferente en la misma situación.

Tu deseo siempre emite un patrón de vibración específico. Si tu vibración y la de tu deseo no coinciden, no se encontrarán: están en planos diferentes. Esta falta de coherencia es la razón por la que muchas personas no consiguen lo que quieren, ya que viven en un estado de disonancia vibracional que bloquea su poder.

Sin embargo, cuando las vibraciones se alinean, coinciden, con las del deseo, resuenan en la misma frecuencia que la emoción asociada a ese deseo. Entonces ocurre la manifestación. Obtienen lo que desean porque han adoptado la vibración del deseo cumplido.

Si hasta ahora no has logrado lo que deseas, es porque tu «patrón vibratorio» es diferente del «patrón vibratorio» de tu deseo. Existe una falta de coherencia entre lo que eres y lo que anhelas. Eso es todo.

La incoherencia resta y priva del ideal de vida. A menudo, las personas se encuentran en un estado de conciencia que no coincide con el del logro de sus deseos. Y estos no pueden manifestarse porque su estado de conciencia crea oposición.

Para cambiar tu experiencia, antes deberás cambiar tus vibraciones. Bastará con enfocar tu atención durante 20 segundos para activar esa vibración. ¡Solo 20 segundos!

Atención: cuando pienses en algo que no deseas, evita exceder esos 20 segundos, ¡o estarás creando lo que no quieres!

No te plantees cambios cuantitativos de esto a aquello, sino cambios emocionales graduales. Lo que parece faltar en tu mundo, y no se manifiesta, se debe a que estás emitiendo una vibración diferente a la de lo que deseas experimentar.

Querer, necesitar o merecer no es suficiente. Debes convertirte anticipadamente en aquello que deseas. Vibrar como si ya lo tuvieras. No se trata de quererlo, sino de serlo.

La manifestación es crear un nuevo estado vibracional acorde con lo deseado.

Una vez más, manifestar intencionalmente es acción interna, un cambio emocional. Ha llegado el momento de aplicar soluciones espirituales a asuntos materiales.

«Piensa sintiendo solo en el estado que deseas realizar. Sentir la realidad del estado buscado y vivir y actuar desde esa convicción es la manera de todos los aparentes milagros». NEVILLE

Al cambiar nuestras emociones, podemos cambiar el curso de nuestro destino, ya que las emociones dictan qué manifestamos en nuestra vida.

Muchas personas se concentran más en lo que no desean que en lo que realmente quieren. No es posible anhelar algo y al mismo tiempo centrarse en su ausencia. La vibración de la ausencia y la vibración de la presencia de lo deseado son incompatibles.

- O estás en la presencia, o estás en la ausencia.
- O estás en la certeza, o estás en la duda.
- O estás en el amor, o estás en el miedo.

No puedes experimentar ambos estados simultáneamente.

El estado emocional está constantemente moldeando y creando el futuro, por lo que gestionar las emociones es tanto como dirigir la vida.

No se trata de lo que uno quiere ni de lo que ha decidido o le apetece... Lo que finalmente se manifiesta es lo que uno es (su vibración emocional, que es el compendio de lo que piensa, hace y dice).

En definitiva, ¡su estado de conciencia! ¡Sus emociones! A eso se reduce todo.

> «Las emociones negativas son tan creativas como las positivas». NEVILLE

Las emociones negativas tienen tanto poder creativo como las positivas. Debemos ser conscientes de los sentimientos, pues tienen el potencial de manifestarse.

Si deseas realizar cambios, necesitas contar una «historia» diferente y mejor que la que te has contado hasta ahora. Si los cambios que buscas son significativos, el cambio en tu «historia» también debe serlo.

Debes reconstruir tu «relato» sobre tu vida ideal si realmente deseas alcanzar lo que anhelas. Cuéntate un desenlace diferente con un final feliz.

¿Cómo controlar el pensamiento? Con cortafuegos como: «Stop, Basta, Alto, Otro, Siguiente, Cambia...» Todos ellos son órdenes que marcan un cambio de tendencia en el pensamiento y detienen lo que no deseas pensar.

¿Cómo controlar las emociones? Con pensamientos positivos. El mundo responde a los estados internos.

En cuatro palabras: cancela todo pensamiento negativo. Una mente sin entrenamiento no puede conseguir nada.

Decreta en tu mente lo deseado, eso será suficiente. Si la mente regresa a un pensamiento limitante, vuelve a ordenarle un cambio de pensamiento. Repite este proceso tantas veces como sea necesario hasta que se discipline.

Contra el caos mental, autocontrol y disciplina. No hay otra forma. Y tampoco es tan difícil. Sé tú quien mande en tu mente.

Para cancelar un pensamiento negativo, basta con la autoobservación y pasar a otra cosa. Es así de simple: autoobservación, autodisciplina, autocorrección. Una y otra vez.

Como diría un budista: «Domina al tigre de tu mente». Ponte al mando y tu poder será enorme.

> «Si puedes sentirlo como real, ya es tuyo».
> NEVILLE

La conciencia es la arquitecta del mundo, moldea la realidad. Si aspiramos a elevar la experiencia vital, no hay otro secreto que elevar el nivel de conciencia.

Para manifestar nuevas realidades, las emociones son las que mandan. Por tanto, haz lo siguiente: cuando quieras experimentar la emoción que vibra como tu deseo, sumérgete en esa emoción.

Recréala. Encapsúlate en ella, al margen de lo que suceda a tu alrededor. La sensación antecede a la manifestación. Porque la emoción es el secreto de la manifestación. Es la Ley de la Manifestación.

Practica el control mental y emocional (vibracional) tal como te enseñé y pronto desarrollarás mayor habilidad para abundar en las emociones positivas y mejorar tu realidad.

Emite vibraciones más coherentes, busca emociones más auspiciosas.

Aún no lo sabes, pero con lo aprendido hasta aquí, ya has activado el poder de la emoción para dar paso a tus deseos y anhelos.

Continúa leyendo, porque lo que viene es aún más interesante.

OCHO
EL SECRETO DE LA IMAGINACIÓN

LA LEY DE LA IMAGINACIÓN CREATIVA

La «Ley de la Imaginación» sucintamente establece que la imaginación crea la realidad. Entonces, si puedes imaginarlo, puedes manifestarlo. Todo lo que se materializa en el mundo se fabrica antes en la imaginación que es la llave mágica. Imaginar es crear.

¿QUÉ ES LA IMAGINACIÓN? Es la visión interna de realidades que no son visibles en la forma tangible. Todo lo que percibimos en el mundo material primero ha sido imaginado, virtualizado, decretado.

Si puedes imaginarlo, puedes materializarlo. El mundo es conciencia materializada. Al imaginar sentidamente un deseo, como si ya se hubiera cumplido, lo invitamos a entrar en la realidad física. Antes de eso, debes entrar en la imagen del deseo cumplido.

Los sentidos actúan como una cárcel de la cual solo la imaginación puede escapar.

La imaginación es la creadora del mundo. Lo que es subjetivo adentro se convierte en objetivo afuera. La imaginación es la realidad anticipada. No es solo una facultad mental para visualizar cosas que no están presentes; es también una acción creativa que moldea el mundo a nuestro alrededor.

Lo que plantas en tu imaginación germinará en tu mundo a su debido tiempo. Siembra tu vida con actos imaginativos y prepárate para la temporada de cosecha.

La imaginación es la puerta hacia la realidad que deseamos manifestar. Y el decreto del deseo imaginado es la llave de la puerta. Un decreto maestro es una llave maestra que abre nuevas realidades.

Imaginar es una práctica espiritual creativa para mejorar tu punto de manifestación. Constituye el uso del don para materializar deseos que poseemos como seres divinos que somos. Imaginar es crear.

El acto de imaginar es acción interna, trabajo espiritual. Lo llamo hacer «El Trabajo». Cuando haces «El Trabajo», el mundo reacciona en consecuencia. En ese acto, tu parte está hecha y el mundo empieza a reorganizarse para hacer la suya.

El mundo material es maleable, plástico y fluido. Se modela con la imaginación controlada o dirigida. La imaginación controlada es tu salvación. ¿Controlada, dirigida? Sí, atiende tus asuntos como quieres que sean y no como son.

Lee esta cita bíblica: «Porque cualquiera que tiene (*), se le dará más; pero al que no tiene (*), aun lo poco que tiene se le quitará». ¿Te parece cruel? Léelo de nuevo, pero ahora sustituye (*) por «imaginación controlada». Ahora se entiende mejor, ¿verdad?

¿Y cómo sería la imaginación controlada, o dirigida, para tu negocio? Imagina: más clientes, más ventas, más ingresos, más reconocimiento, más crecimiento...Olvida lo que es y céntrate en lo que deseas.

El secreto aquí es ser coherente con la visión interior de la imaginación (no con la exterior de los sentidos). Ser coherente con tus expectativas dará lugar a lo que esperas. ¡La coherencia lo manifestará! Mientras que la incoherencia bloqueará tus deseos.

> «Todo lo que somos es el resultado de lo que hemos imaginado. Es imaginando y sintiendo tu deseo realizado que creas la realidad».
> NEVILLE

La imaginación nos conecta con lo que deseamos (y con lo que no). En ambos casos, lo que virtualizas ha de suceder porque activas la Ley de la Imaginación.

Es el momento de admitir la superioridad de la imaginación sobre el pensamiento, es el secreto para materializar sueños.

Para identificar qué ponemos en la imaginación, basta con examinar el diálogo interior. ¡Todo diálogo interno es en sí mismo una conversación imaginada!

Las conversaciones internas o mentales son poco ambiciosas y repetitivas. Sus sentimientos asociados son poco auspiciosos y conducen a «más de lo mismo».

Examina lo que te cuentas en tu mente, el cosmos escucha siempre.

¿Eliges una mente genial o una mente convencional? Existe una notable diferencia entre ambas...

- Una mente convencional: es la percepción de los cinco sentidos. Es la lógica racional y la memoria... se limita a pensar. Utiliza el pasado para moldear el presente.

- Una mente genial es la emoción, la intuición y la imaginación... no solo piensa, sino que también imagina. Utiliza el futuro para modelar el presente.

Para imaginar debemos visualizar nuestro deseo como si ya estuviera cumplido. Este acto de imaginar con emoción lo que anhelamos es una petición al cosmos. Es virtualizar. La imaginación no es solo una herramienta creativa, sino el medio por el cual nos comunicamos con el plano divino.

Sumérgete en el deseo virtualizado como si ya estuviera cumplido, metabolízalo y, a través de este proceso, el deseo se transforma en su realización.

Proceso creativo:

1. Imagina lo deseado.
2. Asume lo deseado.
3. Siente lo imaginado.

Reclama lo imaginado porque imaginar es crear.

> «La imaginación crea la realidad. Aquello en lo que te enfocas, crece y se convierte en tu experiencia». NEVILLE

La mente no se limita al cerebro, va más allá. La ciencia comienza a reconocer que la mente puede existir más allá del cerebro y del cuerpo humano.

La mente es ubicua, no local; utiliza el cerebro como un aparato de radio receptor y emisor para expresarse. Así, tal cual.

El cerebro simplemente amplifica y procesa la actividad mental, que es la señal; pero la mente está en «todas partes».

Pensar *desde el principio* —aceptando lo que es— proyecta en el mundo más de lo que ya es. Pensar *desde el final* —visualizando lo que podría ser— proyecta en el mundo lo que podría ser. Es como jugar un juego que ya ha acabado.

Vivir *desde el final* significa sentir el resultado. La forma de actualizar esa emoción futura al presente es disfrutar en este momento tal como se disfrutaría en ese momento futuro. Empieza a disfrutar de lo que ya es tuyo en el mismo momento en el que lo reclamas.

Empieza *desde el final*, desde el ideal. Sé ahora tal como te verás. Después regresa al presente y lo manifestarás. No atraes lo que quieres; atraes lo que crees. Más aún, ¡lo que eres!

«El final dicta el camino». NEVILLE

Cuando uno empieza por el final, el camino para llegar allí se desvelará de manera natural. Una vez que uno se instala en el sentimiento del resultado, los medios para lograrlo se presentarán de formas que uno no podría haber planeado conscientemente.

Las cosas se pondrán en su sitio, organizándose las circunstancias, encuentros, y eventos necesarios para hacer realidad esa visión. Elimina la necesidad de preocuparte por el «cómo».

Solo aquellos que se desvinculan del pasado pueden crear algo verdaderamente nuevo. La imaginación es un recurso ilimitado de posibilidades. En definitiva, la imaginación crea el mundo.

El futuro es simplemente nuestra imaginación desplegándose ante nuestra mirada. Además, la imaginación tiene la capacidad de lograr todo lo que se virtualiza, en grado y proporción directa a la intensidad de la atención que se le presta.

Imagina tu ideal, tu deseo, tu sueño, tu proyecto... de manera vívida.

Si deseas verlo materializado en el mundo, primero debes imaginarlo en tu mente y sentirlo en tu corazón.

Tu imaginación debe ir acompañada de emoción, virtualización, y de la certeza en el desenlace final.

Todo lo que vemos en el mundo primero ha sido imaginado y después decretado. La imaginación es el puente que permite que una creencia subjetiva se transforme en una experiencia objetiva.

Cómo se manifestará físicamente este estado imaginado no es algo de lo que debas preocuparte. El «Yo Soy» puede desplazarse al futuro y regresar al presente con el plan de eventos que conectará presente y futuro.

Y para entender todo esto, primero deberás comprender que no es lo mismo «pensar en» que «pensar desde». Si lo captas darás un paso de gigante en la ciencia de la manifestación.

Date cuanta que *pensar en tu deseo* crea una posibilidad en el pensamiento, pero *pensar desde tu deseo* crea una realidad o manifestación. La acción de pensar no es la misma que imaginar. Del mismo modo que *pensar en el final* no es lo mismo que *pensar desde el final*.

Pensar *en* un deseo => posibilidad

Pensar *desde* un deseo => realidad

Pensar *en* tu deseo es tridimensional, pero pensar *desde* tu deseo es cuatridimensional. El mundo 3D es temporal, y en él el estado presente es diferente del estado futuro. Es el reino de la polaridad y la separación. Pero el mundo 4D es atemporal, sin tiempo, y en él el presente y el futuro coinciden. Aquí no existe la polaridad o la separación.

Pensar *en* => tridimensional

Pensar *desde* => cuatridimensional

Todo lo imaginable espera tu elección. Investiga sobre la Física Cuántica. La Ley de la Manifestación se basa en la ciencia. Ahora regresa a la portada de este libro y relee el subtítulo.

> «Por medio de la imaginación, asumes el estado de conciencia; ese estado comienza a vestirse a sí mismo en forma, y se solidifica a tu alrededor. Pero tú debes ser fiel al estado. No debes ir de estado en estado, sino que debes esperar pacientemente en un único estado invisible hasta que tome forma y se convierta en un hecho materializado».
> NEVILLE

La imaginación diseña los sucesos para facilitar la manifestación. Todo sueño lleva adheridos los recursos necesarios para hacerse realidad en el mundo material.

Tu imaginación te conectará internamente con ese estado de conciencia desde el cual tus deseos son órdenes cumplidas.

El uso pasivo de la imaginación no produce nada nuevo; simplemente recicla imágenes conocidas y repetidas, aquellas que el mundo presenta a nuestros sentidos. Esto es apenas recrear en la mente imágenes que son reflejos de lo observado, nada nuevo.

Este es el uso pasivo de la imaginación: la recreación. Pero recrear es solo repetir, no crear de verdad. Y tu objetivo no es repetir, sino mejorar.

El problema de la recreación es que llevas demasiado tiempo cautivo de tus sentidos y no atisbas nada mejor más allá de tu estado presente.

Para emplear la imaginación de manera activa, es esencial inventar un futuro, moldear la realidad sin dejarse influir por el estado presente de las cosas. Moldear tu mundo significa proyectar tus sentimientos y sensaciones.

La imaginación activa, al decretar el ideal, conecta con el estado deseado.

Acepta como verdad que si estás activando tu imaginación, estás activando nuevas experiencias. El destino se escribe en la imaginación activa.

La imaginación activa es un portal para entrar en una nueva realidad. Es como un puente hacia la realización de nuestros deseos.

Imaginar el estado deseado no es meramente soñar despierto, es vivir de manera creativa.

La imaginación prevalece sobre cualquier trabajo físico. Esto es parte de lo que denominamos Acción Interna (AI), sobre la cual ya te he hablado.

> «No te sometas a los dictados de los hechos y no aceptes la vida sobre la base del mundo exterior. Pon todas las cosas en relación con tu imaginación». NEVILLE

El mundo es una manifestación mental que se puede modelar bajo decreto. No importa cómo lo llames: proyección, manifestación, atracción, materialización, creación... son sinónimos de la imaginación creativa.

El mundo es una representación, pero no es la realidad, es solo una proyección de la única realidad. La verdadera realidad es tu conciencia creativa como ya quedó explicado.

Cuestiónate siempre tu ideal. ¿Cuál es? Imagínalo. Sitúate en la nada e imagina cómo se construye a tu alrededor tu ideal. Nada más puede manifestar tus sueños, ni tampoco quitártelos, solo tu imaginación.

Si lo imaginas con sentimiento, te lo concedes. Si lo ignoras con sentimiento, te lo niegas.

Cuando visualices tu ideal, tu paraíso particular, no te veas observándolo desde donde estás ahora, sino desde dentro de él. Encarna el ideal como un protagonista y no como un espectador. Ese es el secreto.

Puedes, con ayuda de la imaginación:

- Crear lo increado.
- Conservar lo creado.
- Transformar lo existente.

La *imaginación es creativa* cuando formula posibilidades nuevas e imágenes no vistas anteriormente. En cambio, la *imaginación es repetitiva* cuando recupera imágenes del recuerdo, de la memoria, de eventos pasados… repitiendo resultados ya conocidos.

«La imaginación crea, conserva y transforma. La imaginación es radicalmente creativa cuando toda la actividad imaginativa basada en la memoria desaparece. La imaginación es conservadora cuando su actividad imaginativa se alimenta con imágenes suministradas principalmente por la memoria. La imaginación es transformadora cuando se varía un tema que ya está en el ser; cuando mentalmente altera un hecho de la vida». NEVILLE

El secreto de la manifestación es la imaginación. Imaginar es crear (o recrear). Lo que contiene tu imaginación tiene el don creativo de su existencia potencial.

Imagina escuchar mi voz mientras lees lo siguiente…Poco importa dónde estés ahora, lo que cuenta es a dónde vas. Sitúate allí. Y persiste en la imagen mental creada hasta que sea una realidad incuestionable.

Lo que persiste en tu imaginación es lo que vivirás. Las imágenes y escenarios que mantienes consistentemente en tu imaginación son los que terminarás experimentando en la vida diaria. O algo mejor.

La manifestación deliberada consiste en virtualizar un resultado hasta que sea visible por todos. Y virtualizar consiste en vivir *desde* el deseo cumplido, no solo pensar *en* lo que quieres.

Demasiada gente se consume pensando en lo que quiere sin conseguir nada; pero muy pocos tienen la audacia de vivir más allá de las apariencias y usar su imaginación para crear nuevas realidades.

Después de descubrir este secreto, sabes que, si quieres un futuro diferente al presente, has de diseñarlo en tu imaginación y anticipar luego la emoción de tu ideal.

Si no sabes lo que quieres, o si sabiéndolo solo piensas en ello con anhelo, no estás acercándote a lo deseado. Debes vivir *desde* ello, virtualizándolo, para manifestarlo.

Olvida el pasado, prescinde del presente. Mejor vive *desde* tu imaginación. Solo te pido que lo intentes. Este secreto revela la importancia de vivir desde la imaginación dirigida al deseo cumplido y permanecer ahí.

Conviértete en lo deseado. Indaga tu identidad esencial, asume lo que quieres, porque a nadie puede negársele aquello que es.

Si lo dicho hasta aquí te genera culpa por no haberte dado lo que quieres, es también hora de saber que solo convirtiéndote en tu deseo soñado obtendrás tu perdón. Esto se está poniendo interesante…

NUEVE
EL SECRETO DE LA «CONFIANZA PURA»

LA LEY DE LA ASUNCIÓN

La «Ley de la Asunción» sostiene que si persistes en la emoción de asumir el resultado deseado hasta que esta se convierta en la sensación dominante, el éxito está asegurado.

ESTABA ESPERANDO EMPEZAR contigo este capítulo. Siéntate a mi lado porque voy a contarte, en las páginas que siguen, uno de mis secretos preferidos en la ciencia de la manifestación (revisa los principios de la Física Cuántica).

Siempre he sentido como verdad que si confías que el resultado está garantizado, entonces es imposible que este no se manifiesto. Es el momento de revelar que actuamos en un ámbito de profecías que se cumplen.

Todos somos profetas, aunque no seamos conscientes de serlo.

Lo que asumes como cierto se manifestará en tu mundo como evidencia de lo que previamente virtualizaste internamente.

Y así, manifestarás aquello en lo que crees y tu percepción lo traerá ante ti. Por ello, antes de buscar arreglos en el exterior, debes mirar dentro de ti con la confianza pura de que allí encontrarás lo que buscas.

> «Nuestras asunciones subconscientes no solamente influencian nuestro comportamiento, sino que también conforman el patrón de nuestra existencia objetiva». NEVILLE

Te propongo «viajar al futuro», vivir la emoción de un sueño ya cumplido y, con esa emoción ardiente, regresar al ahora y llevar adelante tu vida cotidiana con despreocupación y desapego.

- Sé ahora lo que anhelas ser en el futuro.
- Ignora las apariencias.
- Desautoriza tus sentidos.
- Céntrate en el ideal.
- Visualiza mentalmente tu ideal y observa tu deseo cumplido.
- Decreta el resultado.

Al trabajar en esta lista de acciones, estarás desencadenando una reacción en cadena y pronto te encontrarás viviendo el estado que imaginaste.

Y esto es así porque lo invisible se materializa a través de la Ley de la Asunción popularizada por varios autores del movimiento del Nuevo Pensamiento, encontró en Neville Goddard a uno de sus más destacados expositores. El poder de la asunción es el uso más sublime de la confianza pura. Permanece fiel a tu asunción. Y mientras más te mantengas fiel a tu asunción, antes se manifestará tu deseo.

Sin duda, si mantienes la sensación de asumir el resultado, lo verás manifestarse en tu mundo físico.

Esta es la esencia de la Ley de la Asunción para modelar tu realidad y conseguir tus sueños.

Pregúntate ahora cómo pensarías, sentirías y actuarías si ya fueras lo que deseas ser, hacer y tener. La respuesta a estas preguntas debe guiarte a la hora de modelar tu comportamiento diario.

La manifestación es tu don disponible y de ti se espera únicamente que lo utilices. Recuerda: sentir la confianza del deseo cumplido es el camino más directo hacia una vida de abundancia.

En esencia, reclama aquello que es tuyo por el simple hecho de haberlo soñado (siéndolo en conciencia, no solo conceptualmente, sino en sentimiento) y lo manifestarás más pronto que tarde. Reclama su manifestación en el mundo, pues la creación ya está completa.

Cuando te fundas con la certeza del deseo cumplido, lo que has reclamado con el decreto se manifestará en tu mundo material.

No hay alternativa, pues lo deseado ya existe como desenlace potencial, aunque no en su forma tangible.

> «Usa la Ley de la Asunción y te llevará de éxito a éxito. Cuando te persuades a ti mismo de que eres exitoso, el éxito es tuyo». NEVILLE

Para activar la Ley de la Asunción, es necesario revelar quién o qué eres realmente. Muchas personas desconocen completamente su origen y naturaleza divina, y, por lo tanto, subestiman su capacidad y poder creativo.

Es fácil observar el mundo y reconocer que, si las personas superaron su ignorancia espiritual, su vida cambiaría drásticamente.

Para aplicar la Ley de la Asunción, también debes ignorar lo que parece suceder en el exterior y crear desde la confianza pura (libre de toda duda).

Desconfía de tus sentidos y de lo que te muestran. Y confía plenamente en que lo que deseas ya existe en el ámbito invisible, para ver su manifestación en el mundo material y tangible.

Sal de las apariencias, desautoriza tus sentidos. Has de saber que la gente falla porque se mantiene presa de sus sentidos pero no se entrega a su imaginación. Fallan cuando dan prioridad a lo que muestran sus sentidos por encima de lo que muestran sus sueños.

La única realidad, la dimensión interna, se oculta tras la cortina de lo que llamamos mundo físico, donde los sentidos a menudo quedan atrapados.

Actuar y asumir que lo deseado ya se ha manifestado es una práctica espiritual que se basa en una confianza profunda y verdadera. Pura.

Es condición para la manifestación que asumas que el sueño ya se ha realizado. No busques confirmaciones tempranas en los hechos para alimentar tu fe. Y tampoco busques confirmación en los demás sobre si tu deseo es posible. La certeza es interna, no externa.

«La confianza no es esperar; es saber».
NEVILLE

Escúchame bien: si no estás satisfecho con tus circunstancias actuales, enfócate en asumir una nueva situación, dejando atrás la antigua apariencia de tu vida (eso ya es pasado), y verás cómo una nueva vida comienza a abrirse camino hacia ti.

Si deseas un cambio, parte de la premisa de que lo que anhelas ya existe en algún plano de la realidad o dimensión interior. Existe y es más real que lo que comúnmente se consídera «realidad».

Una vez que descartes la información de tus sentidos, asume como cierto el resultado que quieres.

Las circunstancias actuales no deben desviarnos de nuestros deseos, ideas y anhelos porque no pueden violar la Ley de la Asunción. Actúa como si ya fueras exitoso, con confianza pura, hasta que se haya convertido en tu realidad.

Al principio, es como si fingieras; te comportas como alguien exitoso, aunque aún no sea visible. Finges. Con el tiempo, las circunstancias se ajustarán y cambiarán para reflejar y confirmar tu estado mental. Dejas de fingir y pasas a experimentar.

Toda reinvención es un proceso de imaginación dirigida que se sostiene en la Ley de la Asunción. Cuando eres *otro*, tu vida es *otra* porque siempre reflejas lo que eres.

Asume que tus problemas ya están resueltos en algún estado de conciencia; por lo pronto, experimentarás cómo la paz te envuelve. Desde esa paz mental, imagina la mentalidad que no los padece y asúmela.

«La confianza transforma tu estado de conciencia y hace posible lo imposible».
NEVILLE

Neville enseñaba que las circunstancias presentes son solo manifestaciones de lo que anteriormente hemos aceptado como verdad en nuestra conciencia. Siempre vivimos lo asumido anteriormente.

En el momento en que surge el deseo ardiente, ya se ha concedido. Y lo solicitado está ya en camino. Al mismo tiempo que se decreta el deseo, también se diseña la manera perfecta para manifestarlo en el mundo material.

No me creas, compruébalo por ti mismo. Asume y practica.

Actúa más allá de tus circunstancias actuales. Independientemente de cómo parezcan ser las cosas ahora, compórtate como si lo que deseas ya fuese una realidad, actúa como si tu deseo fuese un hecho inevitable.

No tengo ninguna duda sobre las ventajas de encarnar el deseo; es decir, de convertirse en la cosa deseada y no solo pensarlo o soñarlo, como hace la persona corriente.

Neville definía la asunción como un «puente de eventos». Y explicaba que la asunción actúa como un «puente de incidentes» que lleva al cumplimiento del deseo. Una vez que uno asume plenamente el estado del deseo cumplido, los eventos necesarios para realizar ese deseo se despliegan en una secuencia perfecta e inesperada.

Este «puente de incidentes» no necesita ser diseñado por la persona; simplemente se despliega como una serie de acontecimientos sincrónicos que conducen al resultado final deseado. No te preocupes por el proceso o el camino, ocúpate en confiar plenamente en que la asunción correcta llevará inevitablemente a la realización del deseo.

> «Cuando confías plenamente, no hay espacio para la duda». NEVILLE

La confianza completa y perfecta es pura. Elimina cualquier atisbo de duda, has de saber que la duda puede sabotear los esfuerzos de manifestación.

Ignora lo que parece estar sucediendo en el mundo de las apariencias y comienza a dirigir los eventos desde tu mundo interno. Esto es actuar *por encima de las circunstancias*, sin dejarte influir por ellas.

Vive en la confianza pura de que te arropa el poder que crea todas las cosas buenas. Estás descubriendo que la confianza es saber, no suponer. La verdadera confianza trasciende la esperanza y va más allá; es la certeza profunda de que lo deseado ya está en camino.

Esta es la dinámica de los milagros predecibles.

La confianza perfecta modifica tu estado de conciencia y, mediante la Gracia, hace posible lo imposible. Ya te he explicado que puedes elevar tu conciencia a un nivel donde materializas posibilidades que antes parecían fuera de tu alcance.

Cuanto mayor es tu confianza, más rápido verás cómo se manifiesta tu deseo. Un alto nivel de confianza va a acelerar el proceso de manifestación, ya que estás vibrando en la misma frecuencia que tus deseos, sin la interferencia de la duda o el miedo.

Cuando entras en estado de coherencia entre lo que quieres y lo que eres, nada puede oponerse a tus deseos convertidos en decretos, en órdenes, en ley. De esta manera, una coherencia completa es sinónimo de una manifestación completa.

Ahora estás preparado para conocer dos grandes principios de la confianza pura…

Debes saber, en primer término, que la asunción transforma la identidad. No estás frente a una técnica de manifestación de deseos, sino ante una transformación de la propia identidad. Al asumir el estado del deseo cumplido, se adopta efectivamente una nueva identidad que está en alineación con ese deseo. Esto implica una integración completa de esa realidad en la persona. Este cambio de identidad es lo que realmente atrae las circunstancias necesarias para hacer realidad el deseo. Eres *otro* y entonces tu vida es *otra*.

Y también debes saber, en segundo término, que la asunción ha de ser continua hasta que se manifieste. La clave es la persistencia en la asunción hasta que la realidad deseada se manifieste. No es suficiente asumir puntualmente; uno debe vivir continuamente en el estado de la asunción hasta que el mundo externo refleje esta nueva realidad. Esto implica mantener el sentimiento del deseo cumplido a través de todas las apariencias externas que la contradicen.

> «Confiar es asumir como cierto lo que deseas».
> NEVILLE

Vive desde la confianza pura que elimina cualquier resistencia a la manifestación. Doblega los obstáculos, allana los caminos. Tuerce cualquier resistencia mental o emocional que pueda bloquear el flujo natural de la manifestación.

Mantén una visión clara, a pesar de las circunstancias actuales, y transformarás el mundo exterior. Entonces, tus nuevas circunstancias dejarán de alimentar tu viejo sistema de creencias limitantes.

Sé que actuar *por encima de las circunstancias* puede parecer contraintuitivo, pero es así como funciona. En el momento de aplicar estos secretos, entras en la era de las maravillas y los milagros predecibles.

Mantén tu enfoque en lo deseado y moldearás tu realidad como un alfarero moldea el barro con sus manos. Cuando alcances una certeza absoluta, sin dudas, estarás en el nivel mental adecuado para manifestar tus deseos.

La confianza, que no tenías, es ahora esencial para que la Ley de la Asunción actúe y active el poder de creer firmemente en los deseos antes de que se manifiesten. La confianza perfecta crea la manifestación perfecta.

El mundo reconocerá tu intención decretada y la reflejará.

El mundo está a tus órdenes y sigue tus decretos.

Así sea.

DIEZ

EL SECRETO DE LA «GRATITUD INJUSTIFICADA»

LA LEY DE LA INCLUSIÓN

La «Ley de la Inclusión» descubre que en el universo no existe la exclusión (el rechazo es una creación fantasiosa del ego), solo existe la inclusión. Y afirma que todo aquello en lo que pones tu atención entra en tu mundo y se incrementa. El cosmos es inclusivo. Solo incluye, no excluye. Y todo aquello en lo que pongas tu atención —lo quieras o no lo quieras— se va a magnificar.

EL COSMOS, por naturaleza, es inclusivo. Lo que capturas con tu atención se incorpora en tu mundo según la Ley de la Inclusión, pues la exclusión simplemente no existe como principio universal.

Por lo tanto, no podemos invitar un evento a nuestra vida con un «sí», ni excluirlo con un «no». La verdadera elección no ocurre a nivel de lo que decimos, sino a nivel de lo que pensamos y somos.

Tu mundo es un reflejo de tu mente.

Dado que el cosmos es inclusivo, todo aquello en lo que enfocas tu atención —lo desees o no— se magnificará. Por esta razón, preocuparse es incluso contraproducente.

Cualquier cosa a la que le entregamos nuestra atención adquiere protagonismo y gana presencia en nuestras vidas. Si prestamos atención a pensamientos negativos o limitantes, estos crecerán y se magnificarán.

Por el contrario, si dirigimos nuestra atención hacia pensamientos positivos y expansivos, estos se materializarán en nuestra experiencia.

Sé que al ego le encanta decir: «No quiero esto», «No quiero aquello». Pero no funciona así.

El rechazo no rechaza lo rechazado, la exclusión no excluye lo excluido. Lo que entra en tu atención, entra en tu mundo. Tatúatelo en un brazo para no olvidarlo.

No porque alguien diga: «No quiero esto», eso no va a pasar. O no porque alguien diga: «Sí quiero esto», eso va a suceder. Ese es un planteamiento muy ingenuo.

No es lo que quieres, no es lo que dices... es lo que piensas y, por lo tanto, lo que eres. Siempre eres la causa de lo que obtienes.

Es por ello que tu atención y realidad coinciden. Son el resultado de aquello en lo que enfocas mente y corazón.

«La gratitud es una aceptación plena de lo que será». NEVILLE

La buena noticia aquí es que, mediante la atención y emoción sostenidas, tenemos la capacidad de influir en el curso de nuestra vida y materializar nuestros sueños.

Quien pasa el día enfocado en sus problemas, en lo que no desea, terminará manteniendo y amplificando esas mismas situaciones.

¿Por qué sucede esto? Porque al colocar sus preocupaciones en el centro de su atención, en virtud de la Ley de la Inclusión, eso es precisamente lo que atraerá o fortalecerá en su vida.

¿Cómo sacar provecho a la Ley de la Inclusión? A través del agradecimiento, tanto si has recibido lo que deseas como si aún no lo has recibido. Agradecer eleva la conciencia y atrae bendiciones sin fin.

Para entendernos, existen dos tipos de agradecimiento: el justificado y el injustificado. Del primero no hablaré ya que es irrelevante.

Vayamos a lo difícil, cuando los asuntos van mal. Entonces el agradecimiento injustificado es especialmente necesario y resolutivo. El agradecimiento injustificado es la confianza en aquello que aún no ha ocurrido en el mundo pero sí ha ocurrido en tu interior.

- Si quieres prosperar, tú has prosperado.
- Si quieres ir, tú has ido.
- Si quieres tener, tú lo tienes.
- Si quieres ser, tú lo eres.

Decrétalo y agradece por anticipado. Este es el secreto.

El estado de Gracia es vivir desde el agradecimiento.

Al expresar agradecimiento, estamos Incluyendo activamente estas cosas en nuestra realidad, lo cual pone en marcha la Ley de la Inclusión.

Lo que deseas también te desea y está buscando la manera de llegar hasta ti. Pónselo fácil. En este momento, está trazando la ruta óptima para encontrarte, pero primero debes pavimentarla con tu agradecimiento incondicional para que te alcance.

¿Y cómo ayudar al proceso? Con agradecimiento anticipado. El modo más seguro de manifestar un deseo es dar las gracias ahora por haber conseguido, aunque no recibido todavía, lo que deseas. Gracias, gracias, gracias...

Siente en tu imaginación el agradecimiento que expresarías si tuvieras en la palma de la mano lo que deseas. Lo que tú agradeces, lo tendrás.

> «La gratitud es una de las mayores herramientas mágicas que tienes para expandir tu influencia y mejorar tu manifestación. No te aferres a los bienes terrenales. Ve por más y lleva siempre una atmósfera de gratitud contigo. Agradecimiento por lo que tienes, y agradecimiento por lo que vendrá». NEVILLE

Entrega tu deseo a lo Creativo y vive desde la certeza agradecida. Eso es vivir en un estado permanente de Gracia. Desde este lugar, mantenerse agradecido se vuelve muy sencillo y natural.

Cuando activas tu agradecimiento, cambias «lo que es» por «lo que será». No te obsesiones con lo que es ahora. Escucha esto: la fe sustituye el hecho aparente por una promesa infalible.

Habitas en un mundo de efectos y apariencias, un mundo fenoménico. Es un mundo de experiencias, no de realidad, y tus sueños no emergen de allí, sino de la conciencia, que es la única realidad. Activa el agradecimiento, vive en un estado de Gracia continua y todo se resolverá de la mejor manera.

La realidad no es sólida, es maleable. Reléelo hasta que captes la importancia de esta afirmación y entenderás la razón por la qué puedes cambiar tu mundo maleable.

La Gracia elimina la duda. La duda, lo opuesto de la certeza, resta lo que la certeza suma. Si crees en tu sueño cumplido pero al instante dudas, entonces estás sumando y restando al mismo tiempo. 1 - 1 = 0. Matemáticamente, el resultado es nulo.

Neville nos invitaba a ser agradecidos para así «firmar el recibo antes de que llegue el paquete». Esta gran metáfora describe cómo la gratitud bendice nuestros deseos antes de que se materialicen, lo cual acelera su acontecer.

> «La gratitud es el lenguaje que habla directamente al poder creativo del universo».
> NEVILLE

Añadía Neville: «La especulación o la duda son pruebas de que tú, en realidad, no has alcanzado la naturaleza de lo que deseas, y esto te llena de temores sobre su realización». No puedo estar más de acuerdo.

Llega a la conclusión de que nadie te da nada, nadie te quita nada, salvo tú a ti mismo. Es hora de asimilarlo para poder moldear la propia realidad a voluntad.

Para cada efecto hay una causa; y al activar las causas invisibles, los efectos están obligados a hacerse visibles.

Ya has leído que la gratitud te proporciona, por correspondencia, lo deseado. Agradecer lo que aún no forma parte de tu experiencia es una invitación a manifestarlo. Entrénate, pues, en el arte de dar las gracias por anticipado, injustificadamente, antes de que tengas un motivo «real».

El agradecimiento injustificado no solo eleva tu estado de conciencia, sino que además abre la puerta para recibir más. El agradecimiento es una fuerza expansiva que facilita la manifestación y atrae abundancia ilimitada.

La gratitud anticipada o injustificada, sentirse agradecido por algo antes de que se manifieste, asume y activa la realidad de ese algo en tu vida. Este es el modo de que las cosas buenas que deseas en la vida sucedan en tu mundo.

Cuando estás agradecido, estás esperando con certeza en el resultado. La verdadera gratitud es siempre injustificada e implica una expectativa segura de los resultados, lo que refleja una fe inquebrantable en la realización de los deseos y anhelos.

En la anterior reflexión, quiero resaltar la importancia de mantener la atención centrada en los deseos empapados de la emoción de la gratitud. Saturar la mente, empapar la mente con la sensación del logro.

Adopta el agradecimiento injustificado, sin causa aparente, como herramienta para la manifestación consciente.

—Gracias.

—¿Por qué?

—Por todo y por nada.

Agradecer por lo que ya tienes y por lo que está por venir crea una vibración poderosa que atrae más cosas buenas a tu vida.

> «La gratitud es una aplicación del arte de creer que implica aceptar que el don ya ha sido recibido». NEVILLE

Al expresar gratitud, actuamos como si ya hubiéramos recibido lo deseado, creando así un estado de Gracia para manifestarlo en la realidad. Lo que tú agradeces, lo tendrás.

Este estado de gratitud es un campo abonado para lo que está por venir y para cosechar.

La gratitud, más allá de sus efectos en tu mundo físico, provoca cambios profundos en tu conciencia… Y esta cambia tu vida.

Por un lado, es la emoción que nutre la felicidad. Cuanta más gratitud sientes, más te acercas al sentimiento de felicidad y más rápido moldeas tu realidad.

Por otro lado, es el secreto para deshacer las percepciones limitantes de miedo y duda. Si están presentes, la gratitud está ausente.

La gratitud no es solo un acto momentáneo de cortesía, sino un estado continuo de conciencia que permite recibir más de lo agradecido.

En resumen, la gratitud conduce a la felicidad y, por tanto, a la percepción correcta.

«Un corazón agradecido es un imán para los milagros». NEVILLE

Dar las gracias es una práctica espiritual que revela el estado de Gracia. «Gracias» es un mantra breve y poderoso que actúa como una contraseña de acceso a la Gracia divina.

«Gracias» es la microoración que siempre obtiene una respuesta. Repite ese mantra tres veces y comprueba cómo te sientes después.

Puedes combinar esa micro oración con otras (también cortas) que representen tu deseo cumplido, como por ejemplo: mi libro publicado, mi abundancia infinita, conduzco mi descapotable, mi viaje, vivo el éxito, amo mi familia, estoy iluminado, etc. Una oración de no más de tres palabras.

La emoción de la gratitud activa el poder de la manifestación. No importa si la gratitud se siente antes o después del logro. Sabiendo esto, anticípala y acelera la manifestación deseada.

La gratitud injustificada alinea nuestra vibración personal con la frecuencia de la abundancia universal. Se igualan, facilitando así un flujo de prosperidad y bienestar completo.

Estar agradecido por anticipado es crear desde la certeza. Es gratitud incondicional, es milagrosa. Vuelve a leerlo. La otra gratitud, la más común, es la gratitud condicional que se siente después del logro, es de cortesía.

> «La gratitud sincroniza tu mente con la abundancia del universo». NEVILLE

Ahora ya sabes que cultivar la gratitud es sembrar la abundancia. Al igual que preparar la tierra antes de sembrar, la gratitud prepara nuestra conciencia para recibir la cosecha y bendiciones que están por venir.

La gratitud cambia tu energía del problema a la promesa cumplida. Es la llave que desbloquea los problemas y dificultades, centrándonos en las promesas y posibilidades seguras.

Por ello, un corazón agradecido atrae acontecimientos milagrosos, ya que nos abre a las posibilidades inimaginadas. Lo que tú agradeces, lo tendrás.

No es una emoción cualquiera, es el lenguaje que habla al Poder Creativo del cosmos.

¿Podrías vivir en un estado de conciencia de agradecimiento injustificado? Imagina vivir desde el agradecimiento perpetuo. Solo imagínalo…

Prosigamos, pues quedan más secretos por desvelar…

ONCE
EL SECRETO DEL DESAPEGO
LA «LEY DEL DESAPEGO»

La «Ley del Desapego» señala que nos negamos aquello de lo que nos apegamos y nos damos aquello a lo que nos desapegamos. El desapego del resultado es un requisito previo para la manifestación. Así como el amor incondicional atrae amor, el condicional lo repele. La necesidad mantiene la ausencia de lo deseado. El apego bloquea lo deseado.

HE MENCIONADO YA ANTES que conseguir un deseo exige un estado de conciencia más elevado. Crear deliberadamente en el mundo físico exige evolución en la escala de la conciencia. Para obtener resultados mejores, debemos ser «personas mejores».

Los deseos humanos vienen y van. Los resultados se alcanzan o no, pero con la manifestación sucede otro efecto de mayor relevancia sucede: la conciencia evoluciona.

No te preocupes por los resultados; nada que sea para ti puede apartarse de tu camino. Tiene su tiempo y su momento. Mientras, céntrate en elevar tu conciencia y en conectar con tu «Yo Soy», la causa de todas las causas. Pues cuando activas la causa única, los resultados son inevitables.

A menudo, la gente se pierde en la persecución de los efectos, olvidando las causas que los crean. Es el mundo al revés donde un creador se niega crear lo que desea.

No te apegues al mundo de los efectos porque es irrelevante; no es ahí donde se juega el partido, sino en la única realidad no visible de la conciencia que moldea tu realidad.

> «Tan pronto como crees en la verdad del estado afirmado, los resultados siguen. Todo pensamiento puede tomar forma visiblemente». NEVILLE

Ciertamente, habrá momentos en los que parezca que no está pasando nada. No te dejes engañar. No es en el mundo visible donde tienes que hacer el seguimiento. Deja que las cosas fluyan, pues muchas cosas están reorganizándose tras las bambalinas.

Entrega tus apegos y tus necesidades al poder que mora en ti. Así es como desatarás el poder interior de la certeza, incluso cuando no veas resultados tangibles inmediatos.

1. Decreta / Ordena: esta es la primera receta para elegir deliberadamente que casi nadie sigue. Por eso se ha mantenido en el tiempo como un secreto perdido.
2. Deja ir / Permite: esta es la segunda receta que casi nadie sigue porque tiene el aspecto de una rendición. Sí, lo es, pero es el ego el que se rinde al «Yo Soy».

Con esta afirmación, me refiero a permitir que las cosas sean *como deben ser,* sin presionar la inteligencia del cosmos. Entiende que todo tiene su propio ritmo para confluir en el momento de la manifestación.

- Dejar ir es condición para recibir.
- Dejar ir es entregar el deseo al sentimiento de estar cumplido.
- Dejar ir significa confiar el proceso interno de los asuntos a la guía del amor.

No me cansaré de enfatizar la importancia de confiar en el Cosmos Creativo, o la Fuente, para organizar las circunstancias necesarias y dar cumplimiento a nuestras intenciones inspiradas, siempre que nos desapeguemos del resultado.

- Dejar de necesitar es el primer paso hacia la libertad.
- Dejar de necesitar significa quererlo de todos modos, pero no a costa de perder la paz y el centro.
- Dejar de necesitar es entregar el control al poder que crea universos.

Tampoco puedo remarcar lo suficiente la importancia de eliminar la sensación de necesidad apegada para poder conectar con el suministro abundante.

«Soltar no es perder, es abrir espacio para recibir». NEVILLE

Estamos aprendiendo a colaborar con lo Creativo para abrir espacio en nuestra conciencia y recibir bendiciones sin fin.

Tus deseos, como ya he señalado, tienen un camino interno y otro externo. Cuando hayas hecho todo lo que puedas externamente, permite que la acción interna tome el relevo. Suéltalo. Si tratas de controlar todo, podrías arruinar el proceso.

La duda y la desconfianza solo frenan tu progreso y bloquean la manifestación de lo que anhelas. Hay un plan más grande que el del ego y es infalible. En ese plan perfecto, el objetivo final es descubrir quién eres realmente y manifestar tu poder.

El éxito no es conseguir más, sino evolucionar más.

Con el secreto del desapego, dejas ir tus expectativas sobre cómo y cuándo deben suceder las cosas. Vive con desapego hasta que el camino hacia tus deseos se muestre con claridad.

El secreto del desapego es la invitación a entrar en una experiencia en la que nada falta. Cuando nos desapegamos de los resultados y confiamos plenamente en el proceso, entramos en un estado de Gracia interior donde nada puede faltar. Y el suministro es adecuado y abundante.

Cuando sueltas el «cómo conseguirlo», permites que lo Creativo diseñe los caminos. Invitas al poder interior. Preocuparse por el tiempo y el modo del proceso de manifestación es contraproducente. Dejar ir permite que la inteligencia infinita del Cosmos Creativo trace el camino más seguro a la manifestación.

Todo juega a tu favor, siempre que lo permitas.

El Cosmos Creativo sabe cómo manifestar lo que deseas de la manera más natural. Confía en el proceso de materializar tus deseos. Hay un momento en el que no debes hacer nada de nada, salvo hacerte a un lado y permitir. Discernir cuándo dejar de actuar y fluir es cuestión de madurez espiritual.

Pon atención a mi voz mientras te susurro este secreto: entrega tus deseos para poder recibirlos. Desapégate de lo que quieres recibir. Decreta este secreto: «Esto o algo mejor».

«Sea que el objeto de tu deseo está cerca o lejos, los resultados son los mismos. Subjetivamente, el objeto de tu deseo no está nunca lejos; su intensa cercanía lo hace remoto a la observación de los sentidos. Mora en la conciencia y está más cerca que las manos y los pies». NEVILLE

Es bien sencillo: solo tienes que hacerte a un lado y dejar espacio para que el poder infinito que camina contigo haga su parte.

Al entregar tus metas mundanas al «Yo Soy», muestras plena confianza en quién eres y en tu potencial. De alguna manera, decretas que siempre tendrás lo que necesitas y justo cuando lo necesites.

En cambio, el ego representa la escasez y la limitación. Cuando él controla tus asuntos mundanos, operas desde la necesidad. Todo es lucha y esfuerzo sin resultados.

Desapego, por si no lo he dicho, significa dejar de intentar controlar todo lo que sucede y no sucede. Para manifestar lo que deseas, debes estar ausente del mundo de los efectos y presente en el mundo de las causas. La acción es interna: permitir.

Aunque no actuar puede parecer sencillo, es lo más complejo porque el ego siempre intentará recuperar el control diseñando un plan de acción. En su desesperación, el ego hará cualquier cosa para lograr lo que se le antoja.

Pero ahora sabes que habitas en el campo de todas las posibilidades donde un poder mayor te asiste. Mantente receptivo al poder creativo porque tiene un plan mejor que el tuyo e infinitos recursos creativos a los que llamarás la magia de la vida.

Cuando reconoces tu poder para moldear tu realidad, ya no necesitas manifestar esto o aquello. Te basta con descubrir que ese poder está siempre contigo, es parte de ti, y con saberlo es suficiente. Dejas de tener tantos objetivos porque tu único objetivo es no volver a olvidarlo.

Ya no necesitas que ocurra nada en tu vida para ser feliz porque te das cuenta de que no hay nada que «arreglar» en el mundo. Despertar era lo único que necesitabas.

Tratar de entender el problema con la misma mente que lo creó es inútil. La mente que nos mete en nuestros líos, ¿cómo podría sacarnos de ellos? ¡Es parte del problema!

> «Para resolver un problema que hoy se encuentra en las apariencias de tu vida, todo lo que hay que hacer es retirar la atención de él. Sé indiferente y empieza a sentirte exactamente como te sentirías si la solución ya hubiera aparecido». NEVILLE

No hemos aprendido a buscar soluciones espirituales para problemas materiales. Por eso los problemas siguen ahí.

Afortunadamente, un problema no es más que una creencia irreal que no se ha cuestionado. Es solo una creencia que no es verdad. Antes de luchar con un problema, hazte estas preguntas y busca una respuesta sincera:

- ¿Es esto verdad, al 100% y todas las veces?
- ¿Qué pruebas tengo de que sea verdad?
- ¿Hay otra creencia más verdadera que esta?

Desenmascara tus autoengaños con este mini interrogatorio en tercer grado diseñado por la Byron Katie. Cuando te desapegues de tus mentiras aparecerá la verdad.

Siempre recibimos lo que creemos. Las creencias de hoy serán las recompensas o castigos del mañana.

Si los problemas persisten en el mundo es porque en realidad no se intentan solucionar, solo se buscan remedios temporales en el mundo, donde las soluciones no están.

Cualquier problema material tiene una solución espiritual.

Neville decía a menudo: «Deja de fijarte en lo que es ahora tu problema o limitación y presta atención solo a Ser». Y también: «Para disolver un problema que ahora parece real, lo único que tienes que hacer es desviar la atención de él. Hazte indiferente y comienza a sentir que tú eres lo que solucionará el problema». Impecable consejo.

Los problemas no pueden solucionarse en el mundo porque allí solo hay proyecciones. Un problema es solo una percepción carente de amor. Entrega tus problemas al amor, no para que sean resueltos, sino para que sean disueltos y entiendas que todo conflicto es el efecto de una causa: falta de amor.

Una vez entregado tu problema, no especules sobre cómo sucederán las cosas; nadie lo sabe por el momento.

> «No debes luchar contra tu problema; tu problema vivirá únicamente mientras tú seas consciente de él. Retira tu atención de tu problema y de la multitud de razones por las que no puedes conseguir tu ideal. Concentra tu atención enteramente en la cosa deseada». NEVILLE

Allí afuera no hay nada que resolver. Todo ocurre dentro de un sueño. Despierta. Esa es la única solución a cualquier clase de problema. Mil problemas, una solución.

Cualquier problema necesita ser llevado a la *conSciencia*. Es el único lugar donde se resuelve porque es el único lugar donde no existe el problema. ¡No-e-xis-te!

Las preguntas que debes hacerte ahora son: ¿En qué nivel de conciencia este problema no existe y por tanto no necesita solución? ¿En quién debo convertirme para que esto deje de ser un problema para siempre? ¿Qué clase de personas no tienen nunca este problema?

Mientras creamos los problemas, creeremos en culpables, y claro, nunca podremos resolverlos. Pero me pregunto: ¿cómo puede alguien no ser responsable de algo que está en su vida? Si está en su vida es cosa suya. Punto.

¿Qué significa entregar El Momento del resultado? No vigilar o medir el progreso de las cosas. Esta buena disposición requiere de certeza infinita, la ausencia total de duda. La certeza solo puede alcanzarse cuando se sabe quiénes somos en realidad y qué fuerzas nos asisten desde nuestra identidad real.

Entregar el problema es dar tiempo y espacio para que todo se reorganice de la mejor manera y en su debido momento.

Es de sabios perseverar con paciencia y abandonar cualquier intento de forzar el progreso de las cosas. Todo tiene un tiempo interno.

La prisa, la impaciencia, es la prueba de la desconfianza en el resultado. Y, como hay desconfianza, se necesita ver cuanto antes algún avance.

La impaciencia no es prisa, es falta de certeza. El tiempo no es materia prima de la creación. Lo que deseas ya existe en el ámbito invisible y se manifestará en el visible, pero en el momento justo y dentro del contexto adecuado.

La impaciencia genera resistencia al esfuerzo, mientras que la paciencia permite que las cosas ocurran sin esfuerzo.

No necesitas apresurarte, asume que lo que es tuyo vendrá a ti a su tiempo. Porque lo que es tuyo no puede apartarse de tu camino. La paciencia es el secreto para mejorar el punto de manifestación.

> «Todo tiene su momento designado, y lo que tú deseas está esperando su tiempo perfecto para manifestarse. Debes tener fe en el proceso y saber que el momento adecuado llegará». NEVILLE

El fruto maduro es siempre apetecible, pero es el resultado de un largo proceso de maduración que la impaciencia intenta obviar. No hay atajos entre la semilla y el fruto. Y la maduración de las situaciones requiere su tiempo; la situación conducirá al Momento.

Muchas causas no visibles se están reorganizando para que suceda lo que debe ocurrir a continuación. Dar tiempo y espacio a este proceso, sin forzar la maduración, es lo adecuado.

A mayor conciencia, menor es el tiempo de espera. A menor conciencia, mayor es el tiempo de espera.

El tiempo interno que requieren las cosas para manifestarse es el justo y necesario. Lo que puede parecer una eternidad en el mundo de los efectos es apenas un instante en la única realidad, la *conSciencia*.

Los cambios buenos y duraderos suelen ser lentos porque exigen procesos profundos.

> «La visión interna, mantenida con fe y persistencia, se manifestará en el momento perfecto, cuando todas las condiciones sean adecuadas para su realización». NEVILLE

Cuando todo parece estancarse es, en realidad, cuando más estamos progresando. La falta de cambio visible a menudo preludia un gran avance interno. Las cosas nunca se detienen; siempre avanzan a su propio ritmo, aunque nuestros sentidos no lo perciban y nuestros relojes lo eternicen.

Si buscabas un secreto para la manifestación, aquí lo tienes: no se trata tanto de lo que tienes que hacer, como de lo que debes dejar de hacer, lo que necesitas permitir, para que lo Creativo tome el mando siguiendo la Ley del Desapego.

La acción exterior y la acción interior son dos caras de la misma moneda, y saber cuándo dar paso a cada una de ellas es una muestra de sabiduría espiritual.

Con este equipaje ya estás listo para crear maravillas y milagros predecibles.

Pasa la página para descubrir el último secreto, la tecnología espiritual de los milagros predecibles.

DOCE
EL SECRETO DEL «MILAGRO PREDECIBLE»

LA LEY DE LOS MILAGROS

La «Ley de los Milagros Predecibles» anuncia que, cuando dejas de enfocarte en la física y lo haces en la metafísica, los milagros empiezan a ocurrir de forma natural en tu vida. Los Milagros Predecibles son resultados inevitables cuando se vive desde el amor. Todos los milagros son una expresión del amor. Cuando elevas tu nivel de conciencia, atraes más ayuda espiritual en forma de milagros, sincronicidades e intuiciones.

EN LAS SIGUIENTES PÁGINAS, vamos a revisar el concepto de «milagro» para ver el modo de integrarlo en el día a día. Como lo oyes, los milagros se vuelven naturales.

Puedo escuchar tu mente mientras se pregunta: «¿Los milagros como un hábito?». Exacto. ¿Qué es un milagro para mí? Un milagro no es más que un cambio en la percepción, el cual crea un cambio en la experiencia.

Lo que llamamos milagros son cambios en nuestra forma de ver el mundo, lo que de forma obligada reajusta nuestra realidad mundana de acuerdo con nuestras percepciones.

El verdadero propósito de la vida es despertar a la única realidad. La historia de la humanidad es un viaje de regreso a casa que no requiere ni un solo paso, porque es un viaje interior. Se trata de volver al amor, es un viaje sin distancia.

Pon atención ahora a este secreto por fin revelado: el origen de los milagros es siempre el Amor.

Los milagros no provienen del ego. Entonces, ¿de quién es obra lo extraordinario? Del amor, sin excepciones. Los milagros son siempre impersonales porque son reales, y la realidad es impersonal. No hay nadie detrás de ellos, salvo la fuerza más poderosa del universo: el Amor.

Los milagros, las sincronicidades y las intuiciones son tres consecuencias naturales de la elevación de la conciencia. Si son habituales en el día a día, ahí tienes la prueba de tu ascensión espiritual.

Espera milagros.

> «Elevar tu consciencia hasta el nivel de la cosa deseada y permanecer ahí hasta que ese nivel se convierta en tu naturaleza es el camino que lleva a lo que aparentemente son milagros». NEVILLE

En el nivel de la conciencia, la única realidad, las reglas son distintas de las que operan en el mundo de las cosas. Cada ámbito, mundo y realidad, tiene sus propias leyes que son válidas solo dentro de su ámbito. Los milagros siguen sus propias reglas.

En esencia, los milagros corrigen un error causado por el miedo. Por eso son naturales: deshacen los efectos de lo que nunca ocurrió realmente. Testimonian el retorno a la cordura del amor y el desmantelamiento de la fantasía del miedo.

Un milagro no altera nada en el mundo; deshace una percepción errónea en la mente para restablecer la cordura. Este cambio de percepción es en sí mismo un milagro.

Los milagros ocurren en el estado de percepción que está listo para ellos. En otras palabras: cuando la percepción errónea se transforma en conocimiento verdadero, se regresa al estado mental que propicia los milagros.

En este sentido, los milagros ahorran tiempo en el viaje de la conciencia. A medida que ascendemos en la escalera de la conciencia, la velocidad con que la intención se convierte en manifestación aumenta.

«Los milagros no son más que el resultado de la ley natural que no hemos comprendido todavía. No hay milagros en el sentido de que algo fuera de lo común ocurra. Lo que llamamos milagro es simplemente el resultado de la aplicación de una ley superior desconocida para nosotros». NEVILLE

Por ahora, es suficiente entender que el origen de los milagros es el Amor con mayúsculas. El Amor es la única realidad y la fuerza creativa de la Fuente.

Los milagros son la normalidad para la percepción que está lista para recibirlos, sin connotaciones mágicas o religiosas. Si estás interesado en aprender la tecnología de los milagros, te recomiendo estudiar el *bestseller* «Un Curso de Milagros».

Una vez que hemos definido «milagro», podemos abordar el secreto de los Milagros Predecibles. Acontecimientos —*sobrenaturales* para unos y naturales para otros— que son efecto del estado de conciencia, una mente milagrosa, que está lista para ellos. Son naturales e ineludibles.

Verás que hay muy poco que hacer, y más bien se trata de dejar hacer. Vamos a explorar esto.

1. Decreta «Yo Soy»; es decir, asume tu identidad real. Hazte uno con lo deseado, fúndete con la visión.
2. Anticipa la emoción del resultado; es decir, asume tus deseos y anhelos cumplidos sin cuestionar cómo o cuándo aparecerán. Aplica la Ley de la Asunción, niega las evidencias observables. Desmiente la información de tus sentidos. Haz oídos sordos a quienes nieguen tu deseo cumplido.
3. Agradece y dalo por hecho; es decir, entrégate al poder divino que hay en ti. Entrega tu deseo, deja de estorbar con las dudas. Entrégalo.

El secreto de los Milagros Predecibles resumido en 12 palabras:

1. Decreta «Yo Soy».
2. Anticipa la emoción del resultado.
3. Agradece, dalo por hecho.

Cuando das por hecho lo deseado, encuentras el modo de manifestarlo. Lo uno lleva a lo otro.

El proceso de manifestar, en el ámbito de lo práctico, se desarrolla de esta manera:

- Aclara tu deseo de forma clara y concisa, define lo que quieres.

- Imagina un solo evento que represente el deseo cumplido, actuará como prueba.
- Siente y virtualiza el evento de tu ideal empapado en emociones.
- Vive con certeza y coherencia con el resultado, sin dudas.

Por ejemplo, si tienes muy claro que tu anhelo es escribir y publicar un libro, hay muchas posibles visiones que representarían ese resultado; pero tal vez, la más inequívoca y representativa sería firmar ejemplares para una cola de lectores. Vamos, habrás de elegir un evento que implique el cumplimento del deseo (en el ejemplo, si firmas tu libro es porque antes ha sido escrito y publicado).

Evita una retahíla de diferentes eventos resultado, descarta una diversidad de diferentes versiones de tu deseo cumplido, pues todo ello te despistaría acerca de lo que en verdad quieres manifestar. Pon foco único a la hora de virtualizar tu asunción.

Virtualizar ese evento sería imaginar *desde dentro* (no visualizarte *desde fuera*) la emoción del momento. Hay una gran diferencia entre *virtualizar* el evento (sentirlo desde dentro) y *visualizar* el evento (mirarlo desde fuera). Lo primero lo lleva al éxito y lo segundo al fracaso.

Necesitas un solo evento representativo, uno nada más, céntrate en uno. Y necesitas visualizarlo una vez nada más. Después, solo deberás *confiar* en el desenlace y actuar en tu día a día en *coherencia* con esa asunción.

¿Nada más?

Hay un detalle más que vale la pena mencionar para experimentar «Milagros Predecibles». En realidad, hay tres detalles que he omitido antes por ser obvios; pero voy a recordarlos:

1. Primero, cuestiona todas las creencias limitantes que gobiernan tu vida.
2. Segundo, actúa cuando las oportunidades se presenten.
3. Tercero, déjate llevar por la secuencia de sincronicidades.

Como puedes ver, los deseos cumplidos son fruto de dos acciones interiores. Y también una exterior: la acción inspirada, aquella alineada con el corazón para materializar los milagros. Seguir las intuiciones y actuar en consecuencia es parte del proceso milagroso. Hecho todo esto, entrarás en un estado de Gracia.

¿Y algo más? Nada más, todo ocurre automáticamente. Tan solo vive en tu deseo cumplido, pues contiene los planos de todo el proceso.

¿Cuánto tiempo tardará? El que precise tu nivel de conciencia. El que determine tu nivel de certeza y tu nivel de coherencia: tres días, tres semanas, tres meses, tres años. Espera milagros.

Para terminar, unos principios universales en la ciencia de los Milagros Predecibles.

Como te recomendé, estudia «Un Curso de Milagros» para adquirir soltura en el arte de manifestar. Permítete absorber la mística de esta lista de características según se describe en esa obra maestra de la literatura mística:

- Un milagro es una corrección de la percepción o de cómo pensamos.
- No hay grados de dificultad en los milagros.
- Lo único importante de un milagro es su origen no lo que hace en el mundo.
- Ocurren naturalmente como expresiones de amor.
- Son una guía de todo lo que precisamos saber a cada momento.
- Son actos involuntarios, no pueden programarse.

- Los milagros son naturales y deberían formar parte del día a día.
- No son un logro exclusivo de nadie, están al alcance de cualquiera.
- Siempre completan una falta de amor.
- Los milagros son para todos los involucrados sin distinción.
- Son siempre una expresión del amor.
- Un milagros es un renacimiento y un nuevo principio. Muestran la oportunidad del amor.
- Aunque tengan efectos visibles, son un cambio súbito del ámbito invisible.
- Siguen las leyes espirituales, no las del mundo.
- Reorganizan la percepción de la mente y la ajustan a la verdad.
- Los milagros son la liberación del miedo que has estado buscando.
- Un resultado milagroso es el que ha abolido el miedo en una situación de conflicto.
- Un milagro resitúa el espíritu en medio de una situación mundana.
- Los milagros inspiran gratitud, no reverencia, ya que suceden desde la unión, no desde la separación.
- Los milagros ocurren a quienes aceptan el amor y recuerdan su naturaleza divina.
- Un milagro alinea la mente humana con la mente divina.
- Un milagro es una corrección que transforma un pensamiento falso en uno verdadero.
- El milagro elimina el error, sin distinguir en su tamaño irreal.
- Un milagro utiliza el contraste para distinguir entre las falsedades del ego y la verdad.
- Cualquier milagro libera siempre de la separación, el aislamiento, la necesidad y la carencia.

- Un milagro nunca se pierde y bendice a muchas personas alejadas en el tiempo o el espacio.
- Un milagro ocurre en la mente milagrosa preparada para recibirlo.
- Los milagros son un recurso de aprendizaje que ahorran tiempo.
- Los milagros son inevitables para el Amor.
- Los milagros dejarán de ser necesarios cuando regresemos a la conexión original con la divinidad.

«Cuando reconoces que lo único que necesitas cambiar es tu percepción, los milagros se vuelven comunes». NEVILLE

Imagino que ya sabes que nada es imposible para el Amor; entonces, lo que llamamos milagros son simplemente resultados predecibles de poderes aún no comprendidos por la mente racional.

Creer en los milagros y darse permiso para recibirlos, es el secreto para atraer resultados extraordinarios.

Permite que el siguiente pensamiento vaya directo a tu mente para crear un efecto permanente... Los milagros son la consecuencia del estado de conciencia que cree en ellos. Y son naturales para aquellas personas que viven desde un estado de conciencia alineado con el Amor.

Al ajustar nuestra percepción para alinearla con la visión del amor, los milagros se convierten en una experiencia natural.

¿Das fe de su presencia en tus asuntos? Si es así, estás listo para cerrar este libro y vivir la vida que deseas. En caso contrario, dale una segunda lectura al libro y entrégate al espíritu que impregna los doce secretos que hemos repasado juntos.

Tras la lectura de este libro, ya puedes desatar el Poder del Decreto pues conoces sus doce secretos.

Lo que te parecía imposible, ahora es inevitable.

Espera milagros.

Namasté.

CONOCE AL AUTOR

www.elcodigodeldinero.com
www.raimonsamso.com
www.institutodeexpertos.com
www.tiendasamso.com
http://raimonsamso.info
https://payhip.com/raimonsamso
https://linktr.ee/raimonsamso

EL CÓDIGO DE LA MANIFESTACIÓN

RAIMON SAMSÓ

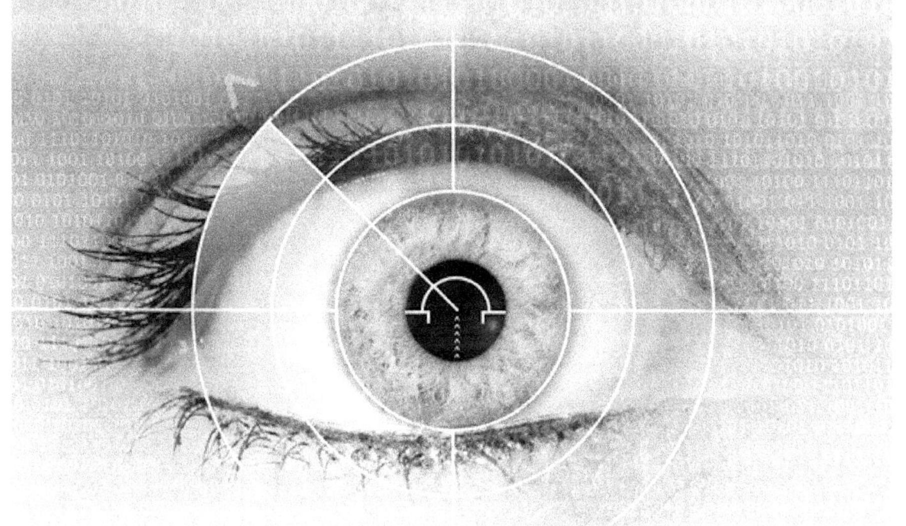

Los 12 poderes para
hacer realidad tus deseos

EDICIONES OBELISCO

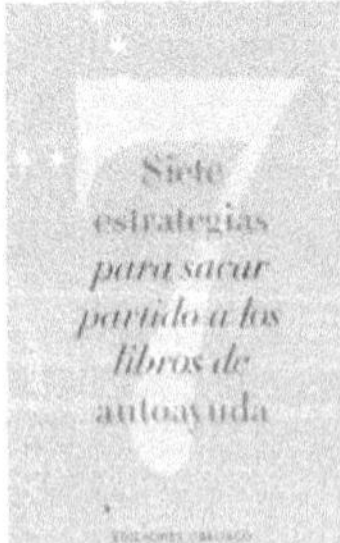

www.raimonsamso.com